世界75カ国15万人の外国人旅行客を
32年間受け入れてきてわかったこと

富士箱根ゲストハウスの外国人宿泊客はなぜリピーターになるのか?

富士箱根ゲストハウス代表
VISIT JAPAN 大使
髙橋正美

あさ出版

はじめに

「トリップアドバイザー」で殿堂入りした小さな宿

「この宿に泊まれたことが、旅のいちばんの思い出です」

「まるで自分の家にいるようで、心からリラックスできました」

「泊まったのはこれで九回目です。髙橋夫妻のことを日本の父母だと思っています」

うれしいことに、当館のフェイスブックやラウンジに置いてあるゲスト用のノートなどには、宿泊されたお客さまからのこんなコメントが並んでいます。そのほとんどが英語など外国語で書かれたものです。

私たち夫婦が箱根・仙石原《せんごくはら》で営んでいる「富士箱根ゲストハウス」の最大の特徴は、外国人旅行客が宿泊客の大半を占めている点です。一九八四年の開業以来、三二年間で七五カ国一五万人を超える外国人旅行客にご利用いただいてきました。一五万人のなかにはリピーターも数多くいます。客層はおよそ欧米豪から六割、アジアから三割、日本人は一割ほど。平均年齢は三五歳前後です。

「ゲストハウス」という宿泊施設について聞き慣れない方もいるかと思います。ゲストハウスにはさまざまな形態がありますが、しいて言えば、「小規模でアットホーム、低廉な価格で外国人旅行客を積極的に受け入れ、外国人向けの設備／仕様／サービス／ホスピタリティーで接客・運営する宿泊施設」です。旅館の多くは一泊二食付きですが、ゲストハウスは朝食付きか素泊まりが一般的です。

富士箱根ゲストハウスの館内は連日、世界各地からやってきた旅行客でにぎわっています。

といっても、立派な設備や部屋を提供しているわけではありません。箱根という土地柄、館内の風呂はすべて温泉で、露天風呂もありますが、もともと私が育った実家を増改築して始めた宿ですから、外観は「ここ、本当に宿？」と思われるほど平凡。全部で一四の客室は畳敷きのシンプルな和室で、トイレと風呂は共用。三二年前に私と妻の二人で創業し、いまは娘と数人のスタッフを加えて運営している宿です。

にもかかわらず、世界最大のインターネット旅行口コミサイト「トリップアドバイザー（TripAdvisor）」で、宿泊したお客さまから高い評価をいただき、「エクセレンス認証」を五年連続で獲得した施設として「殿堂入り」を果たしました。殿堂入りした施設は、トリップアドバイザーに掲載されている全施設の二％ということですから大変名誉に感じています。

また、長年にわたって外国人旅行客を受け入れてきた実績が認められ、ホスピタリティー分野における世界的権威の米国コーネル大学から、アジアにおける「ベスト・プラクティス・チャンピオン」（最良のもてなしをいつも実践している宿）に選ばれたほか、私自身は二〇〇九年九月に国土交通省から指名されて、ＯＥＣＤ（経済協力開発機構）の観光委員会において、先進三〇カ国の代表を前にプレゼンテーションをする機会もいただきました。さらに、そのプレゼンを耳にしたスイスの観光局長ピーター・ケラー氏（当時のＯＥＣＤ観光委員会委員長）から、フランスのシャモニーで開かれた第七回欧州ツーリズムサミットにアジア代表として招聘され、講演を行いました。

最近は国内においても、「外国人のもてなし方」などのテーマで講演する機会を数多くいただいています。また、観光庁から外国人旅行者の受け入れ体制に関する仕組みの構築や、外国人に対する日本の魅力の発信などが評価され、国土交通大臣任命の「ビジット・ジャパン（VISIT JAPAN）大使」としての活動も行っています。

私のような小さな宿の経営者が、このような活動ができるのは、三二年間にわたって「もてなしの心」で外国人旅行客を迎え入れてきた地道な努力を評価していただいたからだと思っています。

私たちのゲストハウスは、現在のようにインバウンド（訪日外国人旅行）が盛り上がるはるか昔から、外国人旅行客を受け入れ、交流を続けてきました。

本書では、三〇年以上にわたって富士箱根ゲストハウスを運営するなかで、一五万人に及ぶ外国人旅行客との交流を実践してきた経験を踏まえ、外国人旅行客を迎えるにあたっての心構えや私の考え方をお話しします。

ある人は、私たちのもてなしのノウハウについて「まるで焼き鳥屋の秘伝のタレのようだ」と評しました。実際、「これをすれば外国人旅行客は必ず満足してくれる」といったシンプルな正解は存在しません。しかし、そこには、知識やノウハウにとどまらず、国際観光の現場で長年にわたり汗をかいてきた私たちだからこそ語れる、実践に裏づけられた知恵があると思っています。私たちの「もてなしの心」が宿泊業にかぎらず、さまざまな分野で少しでもお役に立てば幸いです。

日本全国に外国人観光客があふれる時代に

本書はぜひ、観光業界に直接関係しない方々にも読んでいただきたいと願っています。昨今の訪日外国人旅行者の急増が、明治維新を引き起こした「黒船来航」に匹敵する衝撃を日本国内にもたらすのは必至だからです。

政府は「観光先進国」の実現に向けてさまざまな施策を打ち出しています。皆さんが実感しているとおり、現段階でもすでに外国人旅行者が街にあふれています。「外国人旅行客から道を尋ねられた」「街で困っている外国人を見かけた」という人も多いでしょう。これから二〇二〇年に開催される東京オリンピック・パラリンピックに向けて、外国人旅行者はさらに加速度的に増加し、日本人の誰もが、ビジネスや生活を通じて彼らと何らかの接点をもつことになります。

急増する外国人旅行者をどのように受け入れ、接していくべきか、インバウンドビジネス関係以外の人も考えておかなくてはなりません。なぜなら、海外を旅行する人にとっては、訪問した国の人々との交流こそが大切な思い出となり、「この国を旅してよかった」というイメージにつながるからです。海外旅行中に、現地の人に道を教えてもらったり、助けてもらったりした経験をもつ人なら、理解していただけるのではないでしょうか。

「観光先進国」は、地方の自治体や地域の振興を進める方々にとっても、いま最大のテーマといえるでしょう。インバウンドは日本経済の構造だけでなく、日本の風景をも変えます。日本を訪れる外国人旅行客を、経済活動（モノの売り買い）だけでとらえていては、私たちはこの時代の変革を見誤ることになります。外国人旅行者の増加は、日本人にとって「グローバル化や観光先進国へ向けた意識改革と発想転換のチャンス」と認識することが必要だと私は考えています。

観光先進国の実現をめざすうえで足りないものは何か、どんな心構えで外国人旅行者を迎えればよいか、「もてなしの心」とは何か――。本書がこれから外国人旅行者を迎える皆さんに多少なりとも参考になり、今後、取り組むべきことを示唆するものとなれば、著者としてこれほどうれしいことはありません。

富士箱根ゲストハウス代表／ビジット・ジャパン大使　髙橋正美

目　次

第2章 なぜ富士箱根ゲストハウスにはリピーターが多いのか

第3章 いかに外国人観光客を地元に迎え入れるか

第4章 「もてなし」を通じた国際交流

第1章

外国人は何を求めて日本にやってくるのか

四〇〇〇万人の訪日客をどう迎えるか

二〇二〇年のオリンピック・パラリンピックに向けて

多くの人がすでに実感しているように、ここ数年、日本を訪れる外国人旅行客が急増しています。観光地に出かければ、必ずといっていいほど外国人旅行客の姿を見かけるようになりました。

データで見ると、外国人旅行客は二〇一三年に一〇〇〇万人を超え、そのわずか二年後の二〇一五年に一九七四万人を数え、二〇一六年には二四〇〇万人を超えました。わずか三年で、訪日外国人旅行客は二倍以上になったのです。いつの間にか町のなかに外国人が増えていると感じるのも無理はありません。

「観光先進国」の実現を進める政府は当初、東京オリンピック・パラリンピックが開催される二〇二〇年の訪日外国人旅行客数を二〇〇〇万人としていたのですが、予測をはるかに上回るスピードで目標を達成しました。

インバウンドに関するデータ	
インバウンド入国者数	2404万人（2016年）　※過去最高
訪日国TOP5	中国、韓国、台湾、香港、アメリカ（2016年）
推計インバウンド消費額	3兆7476億円（2016年）　※過去最高
推計1人当たり消費額	15万5896円（2016年）
日本の国際観光客到着数 世界ランキング	16位（2015年）
日本政府の目標	2020年までに4000万人 2030年までに6000万人

出典：日本政府観光局（入国者数、消費額）、世界観光機関（ランキング）

この勢いを受けて二〇一六年三月、政府は二〇二〇年における外国人旅行客の数値目標をこれまでの二〇〇〇万人から四〇〇〇万人に倍増させることを決めました。さらには二〇三〇年には六〇〇〇万人まで伸ばすという目標を掲げています。同時に、外国人旅行者の消費額目標についても、二〇一六年の三兆七四七六億円を二〇二〇年に八兆円へと倍増させ、二〇三〇年には一五兆円に伸ばすとしています。

こうした外国人旅行客急増の背景としては、近年のアジア近隣諸国の経済発展、ビザ発給条件の緩和や、円安による日本国内の旅行費用の軽減があるほか、政府が実施している「ビジット・ジャパン事業」による訪日観光プロモーション、日本を紹介するインターネット・サイトの増加や、日本を訪れた外国人によるSNSなどを通じた情報発信によって、旅行目的地としての日本が注目を集めるようになったことがあります。

二〇二〇年には東京オリンピック・パラリンピックという国際的な一大イベントが控えています。それに向けて外国人旅行客は増え続け、現在よりもはるかに多くの外国人が毎年日本を訪れることが確実視されているのです。それが観光業はもちろん、日本社会全体に大きなインパクトをもたらすことは間違いありません。

こうした状況を千載一遇のビジネスチャンスととらえて、観光業界を中心にインバウンド需要への関心がおおいに高まっています。テレビなどのメディアで外国人旅行客の動向が何度も取り上げられると同時に、インバウンドビジネスを指南するセミナーや講演会が各地で花盛りです。

本書を手にとってくださった方のなかにも、インバウンドによるビジネスチャンスをつかまえたいと考えている人もいるでしょう。たしかに、これほどの数の外国人旅行者が日本を訪れているなかでは、インバウンドの経済効果は大きなインパクトをもっています。しかし、ビジネスの側面ばかりに焦点を当てていてはいけない、というのが私の正直な気持ちです。

これからのインバウンドは「モノ」から「体験」へ

外国人旅行客を受け入れるためには、さまざまなノウハウが必要になります。英会話の習得やハラルフード（イスラム教の律法にのっとった食べ物）などへの対応も大切なことです。しかし、それだけでは不十分です。

外国人旅行客が「日本に来てよかった」と思うのは、日本人のもてなしの心を体験できたときです。私はそう考えています。

私たちの富士箱根ゲストハウスがめざしてきたのは、外国人の来訪を歓迎する心を育むことでした。私たちは、三〇年以上にわたって「もてなしの心」を深める努力をしてきました。

「もてなしの心」が深まれば、必然的に「もてなしの質」も高まります。異文化で生まれ育った外国人のお客さますべてを満足させることはできませんが、長年にわたって外国からの旅行客を迎えることができたのは、私が掘り下げてきた「もてなし方」が評価されたからかもしれません。

外国人の来訪を歓迎する心を掘り下げる努力を重ねれば、「もてなしの質」を高めることができ、その結果、リピーターが増えることになります。

近年のインバウンドに関する大きなトピックは、中国人旅行客を中心とした「爆買い」でした。日本全国の企業や自治体が中国人の旺盛な購買欲に対応しようと躍起になってきました。もちろん旅行客にお金を使ってもらえれば、企業も地域も潤います。

しかしいま、「爆買い」ブームも収まりつつあります。観光庁によると、二〇一六年の統計で、日本を訪れた外国人旅行客の一人当たりの消費額の伸び率が過去五年で初めて減少したとのことです。この傾向はしばらく続くことになりそうです。爆買いを頼りにしてきた小売店なども戦略の見直しを迫られています。

今後、インバウンド需要の傾向は「モノ」から「体験」へシフトすると考えられています。モノを買うことだけではなく、日本らしさや日本でしか楽しめない体験を求める傾向が強まっているのです。

これからは、「いかにお金を落としてもらうか」ではなく、いかに満足してもらって、「また日本を訪れたい」と思ってもらえるかという視点がますます重要になってきます。そのためには、外国人旅行客が何を求めて日本にやってきているか、まずその本音を知る必要があります。

体験的もてなしのポイント

- ●外国人旅行客が「日本に来てよかった」と思うのは、日本人のもてなしの心を体験できたときです。
- ●外国人の来訪を歓迎する心を掘り下げる努力を重ねれば、「もてなしの質」を高めることができ、その結果リピーターが増えます。
- ●今後、インバウンド需要の傾向は「モノ」から「体験」へシフトします。まず外国人旅行客が何を求めて日本にやってきているか、その本音を知る必要があります。

日本人が知らない日本の魅力

仙石原ススキ草原の魅力を世界に発信したのは外国人旅行客だった

富士箱根ゲストハウスがある仙石原は、四方を箱根外輪山に囲まれた標高七〇〇メートルの高原に位置します。箱根火山のカルデラ（火山活動によってできた大きな凹地）内に位置し、湿原や草原が広がる風光明媚な景色が魅力の一つです。

硫気噴孔のある「大涌谷《おおわくだに》」から近いために温泉も豊富で、箱根一七湯の一つに数えられます。箱根の温泉の多くは透明な湯ですが、仙石原温泉は硫黄《いおう》が香る白濁色の湯を特徴としています。

仙石原には、ポーラ美術館、星の王子さまミュージアム、箱根ラリック美術館、箱根ガラスの森美術館などが点在しており、美術館めぐりを楽しむ観光客も多くいます。最近では人気アニメ『新世紀エヴァンゲリオン』の舞台「第三新東京市」としても注目を集め、熱心なアニメファンが足を運ぶことでも知られています。

そんな仙石原が最も活気を帯びるのは、九月下旬～一一月中旬にかけて。仙石原の中央にそびえる台ヶ岳の斜面に広がる草原はススキの名所として知られ、秋のシーズンには、一日一万人もの観光客でにぎわいます。

約一八万平方キロメートルという広大な土地に自生するススキは、秋の深まりとともに銀色の穂が黄金色に変わっていき、太陽の光を浴びてキラキラと輝きます。「かながわの景勝五〇選」にも選ばれた風景を目当てに箱根を訪れる観光客も多くいます。

いまでは、箱根を代表する人気観光スポットの一つとなった仙石原のススキ草原ですが、一三年ほど前までは観光客がわざわざ訪れるような場所ではありませんでした。地元の観光協会は「すすき祭り」を開催するなどして、ススキ草原の魅力を観光客誘致に結びつけようと努力していましたが、これほどの人気になるとは当時は誰も想像していませんでした。

二〇〇四年に、NHKのテレビディレクターから、富士箱根ゲストハウスに一本の電話がかかってきました。

話を聞くと、ディレクターがイギリスに行ったとき、たまたま手に取った雑誌に、日本を旅行したイギリス人が撮影したススキ草原の写真が掲載されていたとのこと。

イギリス人が見つけた箱根の観光名所、仙石原のススキ草原

その写真の幻想的な美しさに魅了されたディレクターが独自に調べたところ、それが仙石原のススキ草原の写真であり、それを投稿したイギリス人が富士箱根ゲストハウスに宿泊していたというのです。

「写真が撮影されたススキの草原がどこにあるのか知りたい」というディレクターに、私がその場所を教えると、後日NHKのテレビ番組で仙石原のススキ草原が紹介されました。

その後、民放テレビ局が、俳優の竹中直人さんと中山美穂さんがススキ草原を見ながら対談する番組を放送しました。

それがきっかけとなって仙石原のススキ草原の人気に火がつき、一大観光スポットとして観光客が押し寄せるようになったのです。

「ピースフル」な地元のお寺

ススキ草原の例からわかるように、同じ風景であっても、地元の日本人が見ている風景と外国人に見えている風景とでは、まったく印象が異なるという現象はたくさんあります。

富士箱根ゲストハウスから徒歩二〇分の場所に長安寺《ちょうあんじ》というお寺があります。観光スポットといえるようなお寺ではなく、日本全国どこにでもある地元の人だけが手を合わせに行くようなお寺です。

しかし、ある外国人旅行客によって、長安寺の魅力に気づかされる出来事がありました。当館に宿泊したフランス人旅行客と話していると、彼はこう言ったのです。

「あそこの寺は京都の寺よりもピースフルだ」

最初、私は彼が言っていることの意味がわかりませんでした。そんな魅力的な寺があっただろうか……。よく聞いてみると、長安寺のことを言っているようです。

長安寺は荘厳な雰囲気の境内に四季折々の花木が植えられており、「花の寺」と呼ばれています。三月にはカタクリ、五月にはヒメシャガ、六月にはイワタバコ、九～

一〇月にかけてはシュウメイギクなどが咲き誇り、とくにモミジが真っ赤に色づく秋のシーズンは目を見張る美しさがあります。

静かな境内には、二五〇体を超える羅漢像が点在しており、どれも喜怒哀楽あふれる人間味のある表情で、見る人を楽しませます。境内の庭園にある池には、色とりどりの錦鯉が泳いでいます。

そうした風景は、日本人である私たちにとっては見慣れたものですが、外国人旅行客の目には「ピースフルだった」と絶賛するほど新鮮に映ったのでした。

彼は京都観光を楽しんだあとに、最終目的地として箱根に滞在したとのこと。京都の清水寺や金閣寺といった有名寺院も訪れたそうですが、箱根の長安寺も負けず劣らずピースフルな雰囲気で、印象的だったというのです。

彼だけが特別な感性をもっていたわけではありません。その後も、たくさんの外国人旅行客が長安寺を訪れていますが、多くが「長安寺はすばらしい」「こういうスポットに行きたかった」といった感想をもらします。

それからは、地元ならではの場所として長安寺を紹介していますが、ほとんどの人がすばらしかったと言ってくれます。

地元の人には見慣れた風景が外国人には新鮮に映る（長安寺の羅漢像）

外国人の観光目的の一つは、有名な観光名所を訪れることですが、それだけでは満足していない人もたくさんいます。外国人旅行客の多くは、日本人にとっては当たり前の風景や地元ならではのスポットに心惹かれている、というのが一つの現実なのです。

外国人旅行客を受け入れる観光地や自治体では、「日本人が見せたいものと、外国人旅行客が魅力を感じるものは違っていることがある」ということを、まずは認識する必要があります。

体験的もてなしのポイント

●イギリス人旅行客の一枚の写真がきっかけとなって仙石原のススキ草原の人気に火がつき、一大観光スポットとして観光客が押し寄せるようになりました。
●同じ風景でも、地元の日本人が見ている風景と外国人に見えている風景とでは、まったく印象が異なるという現象はたくさんあります。
●外国人旅行客の多くは、日本人にとっては当たり前の風景や地元ならではのスポットに心惹かれています。

日本の各地に宝が眠っている

障子や押し入れに感激する外国人旅行客

外国人旅行客の視点については、受け入れる宿泊施設にも同じことがいえます。

私たちの富士箱根ゲストハウスは、客室数一四の小さな宿です。敷地内に平屋建てと二階建ての宿泊棟が一つずつありますが、どちらも民家を少し大きくしたサイズで、決して立派な建物ではありません。宿の入り口が狭いこともあって、気づかずに通り過ぎてしまうお客さまもいるくらいです。

部屋はすべて和室で、六〜八畳の小ぢんまりした空間。部屋にはテレビは置いていますが、バス・トイレは室外です。昔ながらの典型的な和室のつくりで、日本人のお客さまからは「落ち着く空間だ」「実家に帰ってきたようだ」と言われます。

要は、豪華な建物でもなければ、設備が充実しているわけでもありません。オシャレでもクールでもない。唯一誇れる館内施設といえば、大涌谷から引いている源泉かけ流しの温泉風呂くらいでしょうか。

夕食は提供していないので、宿泊客は近くの飲食店に出かけたり、コンビニエンスストアで食べ物を買ってきて部屋で食べたりします。朝食は別料金で提供していますが、パンやフルーツなどが主で特別なものではありません。

このように富士箱根ゲストハウスのことを説明すると、一般的な日本人の感覚からすれば、たいして魅力的には映らないかもしれません。

当館より施設が充実している宿や、おいしい料理を提供する宿は山ほどあります。箱根としてはリーズナブルな素泊まり五〇〇〇円前後という宿泊料金に引かれる日本人観光客はいるでしょうが、施設や仕様に特別な魅力を感じる人はかぎられるでしょう。

では、なぜ富士箱根ゲストハウスに、世界各地から連日予約が入り、多くの外国人旅行客が訪れるのでしょうか。どこに魅力を感じているのでしょうか。

その要因はいくつか考えられますが、一つは、日本の生活文化を体験できることではないでしょうか。

富士箱根ゲストハウスの和室は、畳敷きに襖と障子戸のついた典型的な和室空間で、夜は布団を敷いて浴衣で休みます。

日本人にとっては何の変哲もない部屋ですが、外国人の目には、日本の生活文化を垣間見ることのできる、貴重な空間に映るようです。

とくに石や鉄骨の建物が主流の欧米の人にとって、木と草と紙で構成される日本の和室はとても興味深いもののようです。障子越しに部屋に差し込むやわらかい光に感動する人もいれば、床の間に飾ってある掛け軸に関心を抱く人もいます。

あるイギリス人旅行客は、部屋の雪見障子（下部にガラスをはめ込み、障子を上下することで外の景色が見えるように組まれた障子）を見て、「こんなものを考えるなんて、日本人は天才だ！」と絶賛しました。

部屋の窓から見える裏庭の竹やぶを見て、「自宅に持って帰ってオブジェとして部屋に飾りたい」と興奮していたオーストラリア人もいました。竹林を見慣れた日本人にとっては日常の風景であっても、外国人旅行客には日本らしさが感じられる景色なのでしょう。「客室の窓の外から聞こえる小川のせせらぎと野鳥のさえずりが忘れられないので、テープに録音してアメリカの自宅に送ってほしい」と頼まれて、国際郵

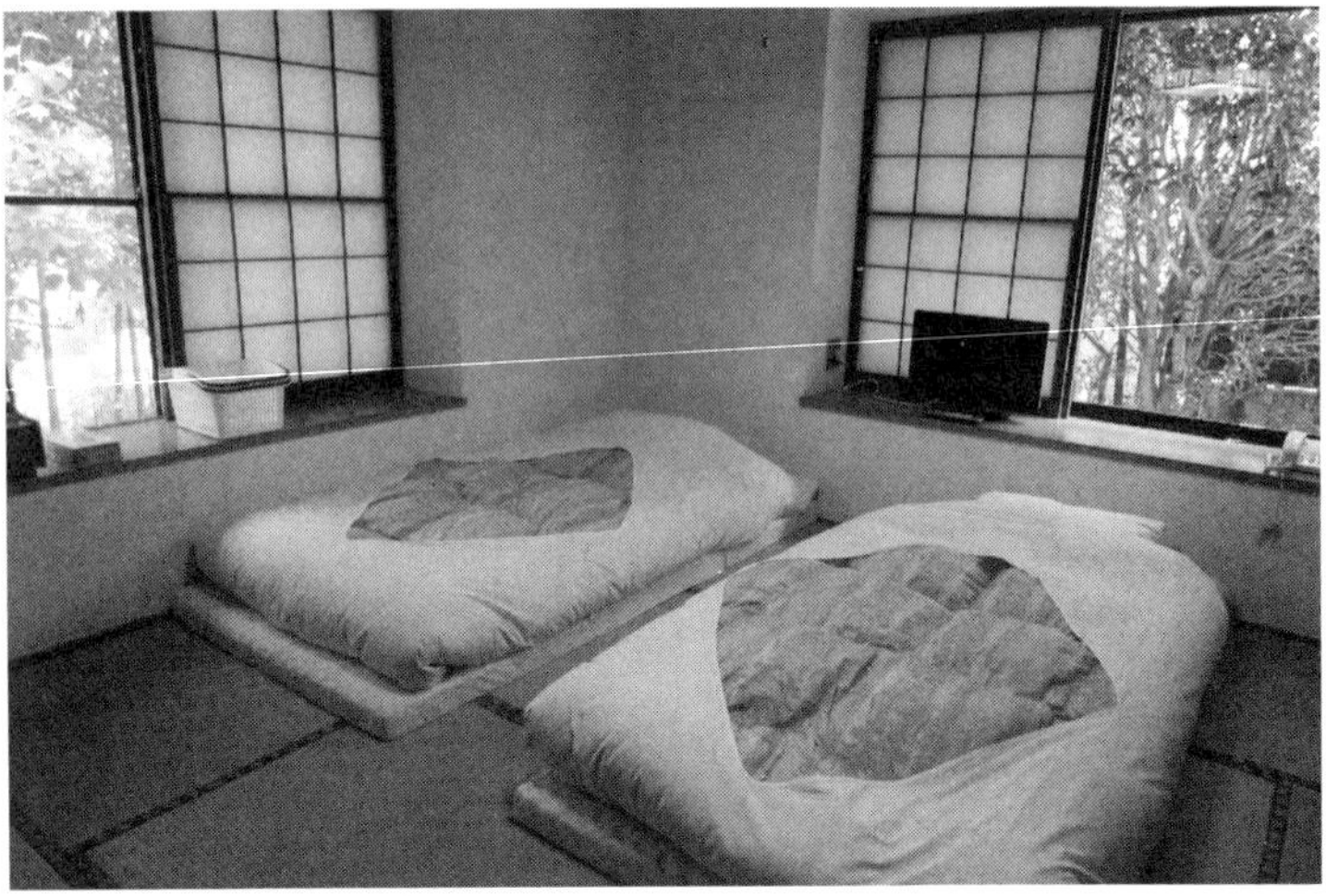
富士箱根ゲストハウスの客室

便で送ったこともあります。
　新婚旅行の途中で当館を訪れたドイツ人カップルは、折悪しく箱根を台風が直撃したために外出できませんでした。ふつうであれば、「せっかくのハネムーンなのに最悪」と思うところですが、彼らは「普段は忙しく働いているから、部屋の中で雨や風、川の音を聞いて読書をしているだけでも癒される」と言って、和室の風情を楽しみながらのんびり過ごしていました。
　このように、私たち日本人にとっては何でもない風景や音が、外国人にとっては心を揺さぶる対象になることは意外なほどよくあるのです。

ふだんベッドで寝ている外国人にとっては、わざわざ布団を押し入れから出して敷き、そこで眠るという行為も新鮮に感じられるようです。

ちなみに、タイからやってきた観光客は、部屋の押し入れを見つけると、「ドラえもんの寝るところだ！」と興奮していました。どうやら東南アジア諸国ではアニメの『ドラえもん』が人気のようで、押し入れに入っている様子を撮影してフェイスブックに投稿する人もいます。

「つくられた日本」より「ありのままの日本」

これらはほんの一例にすぎませんが、当館に宿泊する外国人旅行客の多くが、ふつうの和室の空間に好感をもってくれます。

日本人が想像している以上に、外国人旅行客は日本式の生活文化や空間に興味をもち、それらを体験したいと思っています。日本人のありのままの生活に魅力を感じている人が多いのです。

欧米式のホテルでは、ありのままの日本を感じることはできません。ホテルの快適性やサービスを重視する旅行客もいますが、日本の文化を感じられる体験を望んでいる人もいます。それを理解していないと、「外国人のために和室を洋室に改装する」など、外国人旅行客の期待に反することになってしまう場合もあります。

「つくられた日本」ではなく、「ありのままの日本」がキーワードです。

外国人の視点で身のまわりを見つめ直す

ススキ草原、地元の神社仏閣、昔ながらの和室……。外国人旅行客の視点で見ると、日本人が気づいていない魅力がたくさんあります。

外国人旅行客が日本のどんなところに魅力を感じているかは、動画サイト「YouTube」を覗いてみるとわかります。外国人旅行客は、旅行の模様を動画で撮影して、その思い出を投稿しており、そこには外国人の視点から見た日本の魅力が詰まっています。YouTubeのサイトで「japan trip」などのワードで検索してみると、外国人旅行客が何に興味を示し、どんな観点から日本の魅力をとらえているのかを知ることができます。

私は、富士箱根ゲストハウスで外国人旅行客と交流することを通じて、彼らから日本の魅力を数限りなく教えてもらいました。

タクシーの自動ドアや自動販売機、トイレの温水洗浄便座に驚く人もいれば、ラーメン、回転寿司といった食べ物に感動する人もいます。ゴミが落ちていない道路や公衆トイレの清潔さに感嘆の声を漏らす外国人も少なくありません。

駅員の指差し確認する動作や買い物をしたときの包装の丁寧さ、マンホールのデザインに興味を示す人もいれば、日本人の礼儀正しさや親切に感激する外国人もいます。昔ながらの日本家屋や、日本人には見慣れた里山の風景に関心を向ける人もいれば、最新のファッションや現代建築、アニメのキャラクターに夢中な人もいます。

日本を訪れたいと考える外国人にとって、日本という国は私たちが想像する以上に特別な存在として映っているようです。

観光地化が進んだ箱根にも、まだまだ宝が眠っているはずです。それを旅行客から教えてもらい、掘り起こすのが私たちの役割だと思っています。

どんな地域、観光地、宿泊施設にも、外国人旅行客にとって魅力的に映るスポットや生活文化がまだまだ眠っている可能性があります。外国人の視点から、身のまわりのものを見つめ直すことによって、気づいていなかった魅力を見つけることができるのではないでしょうか。

「日本人の平均所得はいくらですか？」

外国人旅行客は、日本人の生活にも興味津々です。当館に宿泊している外国人と話をしていると、こんな質問をされることがあります。

「日本人の平均所得はどのくらいですか？」

「日本人は、子どもにどんな教育をしているのですか？」

「あなたの仕事の働きがいはどこにありますか？」

「日本の税制度は、どうなっていますか？」

このように、子育てや介護、教育、地域社会、ボランティア活動、生きがい、やりがい、働きがい、収入、税制度など、日本人の暮らしに関心を寄せ、さまざまなことを尋ねてきます。

自分の国の生活レベルや社会のあり方と、日本のそれらとを比較することで、日本がどういう国であるかを自分なりに理解しようとしているのかもしれません。「ありのままの日本」を知ることが、外国人の旅の目的の一つになっていることは間違いないようです。

こうした素朴な疑問や質問に応えることも立派なもてなしになりますから、富士箱根ゲストハウスでは時間の許すかぎり、外国人旅行客の質問に耳を傾け、それに答えることで彼らに日本をよりよく理解してもらう努力をしています。このような接し方が、当館が外国人旅行客に支持されている理由の一つだと考えています。

体験的もてなしのポイント

- 富士箱根ゲストハウスに、世界各地から連日予約が入り、多くの外国人旅行客が訪れる要因の一つは、日本の生活文化を体験できることです。
- 外国人観光客の多くは、日本の生活文化を体感できる、日本人のありのままの生活に魅力を感じています。
- 「つくられた日本」ではなく、「ありのままの日本」がキーワードです。
- 身のまわりのものを外国人の視点で見つめ直すことによって、気づいていなかった魅力を見つけることができます。

友人として迎え、人としてお世話する

外国人旅行客が求める「おもてなし」とは?

富士箱根ゲストハウスに数多くの外国人旅行客が訪れてくれるもう一つの理由は、「もてなしの心」にあると考えています。

「おもてなし」という言葉は、ご存じのように東京オリンピック招致の際に使われ、その後流行語になり、さまざまな場面で聞かれるようになりました。インバウンド需要を取り込もうと必死の観光業界でも「外国人旅行客をおもてなしの心で迎えよう」といったスローガンが叫ばれているのをよく耳にします。

「おもてなし」は「もてなし」を丁寧に言った言葉ですが、そもそも「もてなし」とは何でしょう。

辞書を引いてみると、「人を取り扱う。待遇する」「心を込めて客の世話をする」などと書かれていますが、人それぞれ微妙な解釈の違いがあるでしょう。

「お客さまに最大限のサービスを提供することだ」と言う人もいれば、「お客さまのしてほしいことを先回りしてさりげなく行うことだ」と言う人もいます。「心を込めて接客することがもてなしだ」と考えている人もいるかもしれません。一〇〇人いれば一〇〇人の「もてなし」のとらえ方や方法がありますが、私は「外国人旅行者のもてなし」を次のようにとらえています。

「友人として迎え、人としてお世話すること」

富士箱根ゲストハウスに泊まってくれる人たちは、「お客さま」です。同時に、個性をもった一人の「人」でもあります。日本人も外国人も関係ありません。心と心の交流をする。困っていれば手を差し伸べる。自分の友人に対するのと同じように接するのです。「人としてお世話をする」というのは、一人ひとりの人格を尊重して対応するということです。

富士箱根ゲストハウスに宿泊する方々は、お客さまであると同時に、友人でもあります。だから、私の家族やスタッフは、外国人旅行客とオープンな心でコミュニケーションをとりますし、困っていることがあれば、できるかぎりのことをしてあげたいと思っています。

私は富士箱根ゲストハウスの代表ですが、名刺の肩書は、「President」や「Director」「Representative」「Owner」といった地位をあらわす肩書ではなく、「Host」です。これは人間として対等な立ち位置で外国人旅行客と向き合うという、私の姿勢をあらわしています。

豪華な部屋に美味しい食事、至れり尽くせりのサービス……、ホテルや旅館が行うサービスを「もてなし」だとすれば、私たちはもてなしができているとはとても言えません。しかし、当館には友人として迎えて自宅を開放する、いわばホームステイ感覚のもてなしがあります。お客さま扱いしない、緊張させないもてなしです。誤解を恐れずにいえば、「もてなさないもてなし」といえるかもしれません。

「あなたのおかげで、日本の旅を完結できた」

二〇年ほど前、こんな出来事がありました。

当宿の食堂で、ひとりで朝食をとっているアメリカ人旅行客に「困ったことはありませんか?」と声をかけると、彼は今日、帰国するとのことでした。いろいろな観光名所をまわり、最終目的地として箱根を選んだと言います。

しばらく話をしていると、打ち解けてくれたのか、彼は矢継ぎ早に質問を投げかけてきました。

「寺で見た鐘にはどんな意味があるのか？」

「日本人にとって神道は、どんな存在なのか？」

「日本人は、武士道についてどう考えているのか？」

彼は日本を観光するなかで、さまざまな風景や建物に感銘を受けると同時に、日本の文化や日本人の精神性について、いろいろと興味や疑問がわいてきたようです。

私たちも外国を旅行していると、建物や文化のすばらしさに感動を覚える一方で、「この建物は、歴史的にどんな意味があるのか？」「この国の人は、どのような価値観をもっているのか？」といった素朴な疑問がわいてくることがあります。同じように、彼にも知りたいこと、聞きたいことがたくさん生まれてきたのでしょう。

ところが、これまでまわってきた日本の観光地や宿泊施設では、そのような疑問を解消するチャンスがなかったようです。

少し想像すれば、当然といえます。日本語を話せなければ、施設のスタッフや通りがかりの日本人に尋ねるわけにもいきません、当時はまだ、インターネットも普及しておらず、パンフレットの英語訳もあまり整備されていない時代でしたから、外国人旅行客が入手できる情報はかぎられていました。

私は、彼の疑問に英語で必死に答えようとしました。日常の英会話には不自由していませんでしたが、日本人の精神性や日本文化を英語で伝えるのは簡単ではありません。日本語でさえ説明するのがむずかしいことを聞かれるのですから。

たとえば、皆さんは、「武士道とはどういうことですか?」と聞かれたとき、すぐに自分の言葉で説明することができるでしょうか。スッと答えが出てくる人は、そんなに多くはないと思います。ましてやそれを英語で説明するのは、至難の業でしょう。

結局、一時間ほどの会話で私なりの考えを述べましたが、しどろもどろになってしまうことが多く、彼に満足してもらえるような説明をすることはできませんでした。

「英語が下手で申し訳ありません」と詫びると、彼はこう言いました。

「それは違う。私は日本語をまったく話すことができない。あなたのほうが努力してくれているのだ。だから、私はあなたにとても感謝している」

彼は私のたどたどしい説明にがっかりするどころか、私が必死で説明しようとしたことを喜んでくれたのです。そして最後にこう言いました。

「私はあなたに会えたおかげで、日本の旅をaccomplishすることができました」accomplishとは「完結する」という意味です。さまざまな疑問があって、消化不良なこともあったけれど、最後の最後で今回の旅を「完結」することができた、と言ってくれたのです。彼が日本の旅に満足してくれたことを、心からうれしく感じました。

これはほんの一例にすぎませんが、私は、このような交流を通じて「友人として迎え、人としてお世話すること」が、もてなしの一つだと確信していくことになりました。

究極の観光資源は「人」

友人として迎え、人としてお世話する気持ちが心底にあれば、外国人旅行客に「困ったことはないか？」と話しかけたり、彼らの素朴な疑問に真摯に答えることも自然体でできるようになるでしょう。その気持ちがなければ、日本の文化や精神性について聞かれても、「わかりません、ごめんなさい」と言って逃げてしまうか、パンフレットを渡すのが精いっぱいではないでしょうか。

外国人旅行客の多くは、日本の観光スポットや自然、食事を目当てに訪れます。しかし、それだけでは彼らの日本旅行は完結しません。私たち日本人のもてなす心にふれることによってはじめて日本へ旅行に来たことに満足してくれるのです。

もちろん、「もてなしの心」だけで、外国人旅行客を日本に呼び込むことはできません。

「日本人のおもてなしを体験したいから日本に行こう」と言って、一〇時間以上もかけてやってくる観光客はまれでしょう。フランスを旅行する日本人が「自由と平等と博愛を大事にするフランス人の魂にふれる」ことを旅の主目的とするのがまれであるのと同じです。多くの人は、エッフェル塔やルーブル美術館やモン・サン＝ミシェルを見物し、フランス料理を堪能することを目的に一〇時間以上をかけてフランスに旅行します。

しかし、魅力的な観光スポットを見物したり、おいしい料理を食べたりするだけでは、十分な満足を得られないのも事実です。

極端なことをいえば、いくらおいしい料理を食べても、店員から冷たい態度をとられれば、そのおいしさは半減してしまいます。嫌な思いをすれば、「もう二度と来たくない」と思うのが人の心です。私の海外旅行の経験でも、どんなホテルに泊まったかどんなものを食べたかは覚えていなくても、現地の人の笑顔が忘れられないという思い出が多くあります。

実際、いつも笑顔を絶やさずに外国人旅行客を出迎えることに努めている妻は、あるメディアの取材を受けたときにこう語りました。

「うちの建物や設備などのハード面は、旅行客の記憶に残らないようなものですが、『スタッフが笑顔で親切にしてくれた』といった体験は、いつまでも心に残るようです。お客様の心に残るような接客ができればいいわね、といつもスタッフたちと話しています」

外国人旅行客がお金を使いたくなるようなスポットを整備し、サービス、食事を充実させることも大切ですが、もてなしの心が抜け落ちていたら、外国人旅行客の旅は完結しません。だからこそ、私たちのゲストハウスでは「友人として迎え、人としてお世話すること」をベースにして接客することを心がけています。

その結果、外国人旅行客も私たちのことを友人として、一人の人として接してくれます。スタッフに用事があるときも「忙しいところごめんなさい」と気をつかってくれる旅行客は多くいます。また、帰り際にお土産をスタッフに置いていってくれる人もいれば、チェックアウトのとき「私の国に来るときは連絡してください。案内しますから」と言って連絡先を教えてくれる人もいます。

先日もこんなことがありました。

スタッフが連泊していた外国人のお客さまの部屋に清掃に入ったとき、ゴミ箱のわきにビニール袋が置いてありました。スタッフはゴミだと思って片づけてしまったのですが、じつはビニール袋の中に友人へのお土産が入っていたとのこと。すぐに回収してことなきをえましたが、驚いたことにそのお客さまは、「まぎらわしいところに袋を置いてごめんなさい」と謝ったうえに、近くで買ってきたコロッケを差し入れしてくれたのです。ふつうであれば「お土産を勝手に捨てるなんて！」と怒るところでしょう。それだけに大変びっくりしました。

こうした出来事が日々起きるのは、私たちが「友人として迎え、人としてお世話すること」を基本に行動しているからだと思っています。

国や文化は違っていても、喜びや悲しみといった人間の感性は万国共通です。私たちは、長年、外国人旅行客と向き合ってきた結果、「究極の観光資源は人である」と認識するようになりました。

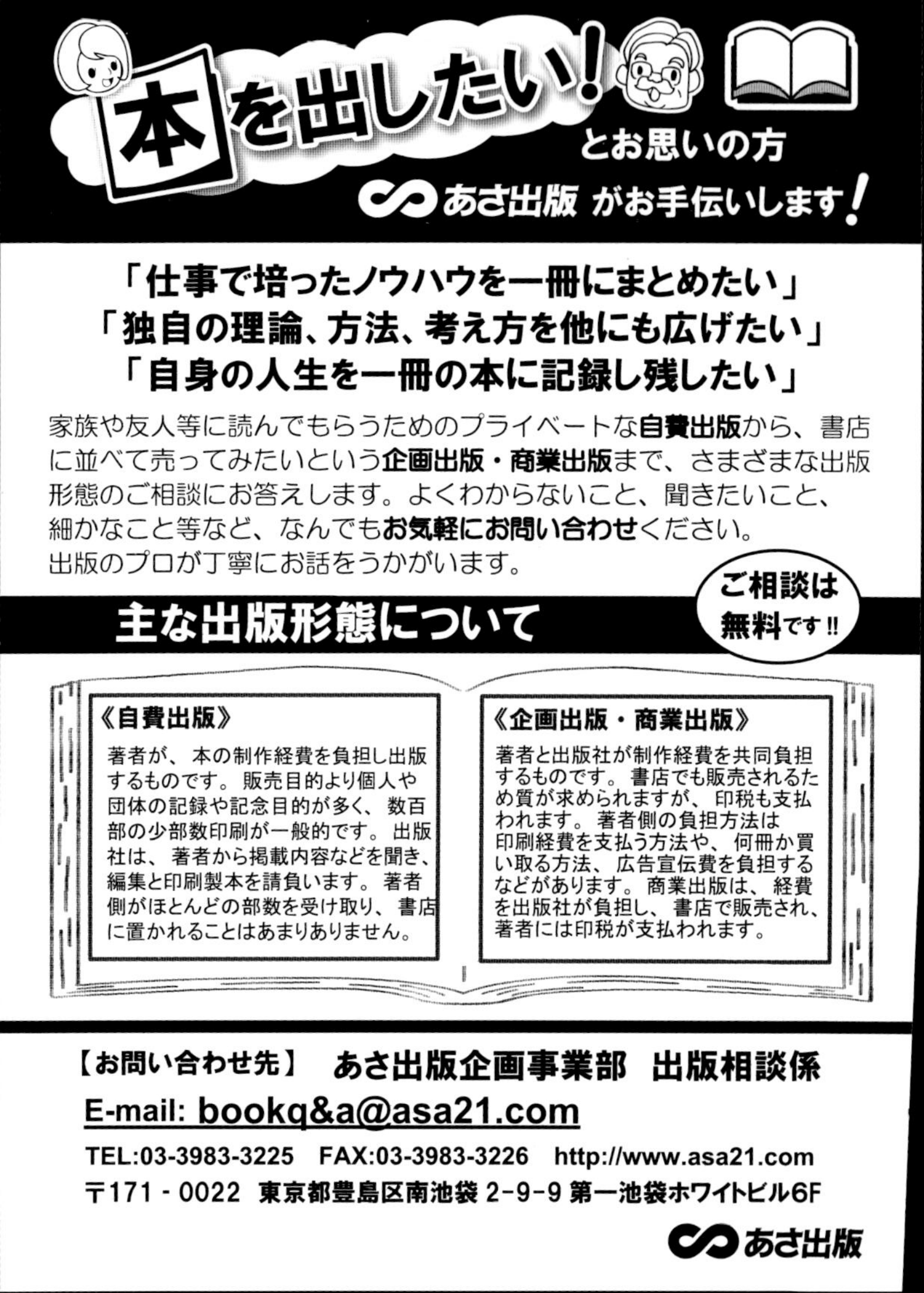

体験的もてなしのポイント

- 外国人旅行者をもてなす基本は、「友人として迎え、人としてお世話すること」。
- 外国人観光客は、私たち日本人のもてなす心にふれることによって日本へ旅行に来たことに満足します。
- 外国人旅行客をもてなすときの究極の観光資源は「人」です。

口コミであっという間に広がる日本の評判

「インバウンド＝爆買い」という誤解

つい最近までは、インバウンドといえば、中国人団体旅行客による爆買いのイメージがありましたが、当然ながら、外国人旅行客は日本の小売店を儲けさせるためにやってきているわけではありません。

彼らが求めているのは、日本という国の魅力を味わい、日本人とのふれ合いを体験することです。お金を使うことが目的ではありません。

たしかに、日本製の商品を買うことを目的にした中国人観光客の爆買いは、百貨店や家電量販店の売上げに大きく貢献しました。こうした観光客のなかには富裕層もいますが、多くは昨今の中国の経済成長によって海外旅行ができるまでに豊かになった一般層です。彼らは親族や地域を代表して日本に観光に来ているケースも多く、親戚や近所の人たちに日本製の商品を買ってくることを頼まれています。だから、炊飯器や化粧品といった日用品をいくつも買っていくのです。

日本人もかつて、世界各地に旅行に出かけては、ブランド品を買いあさっていた時代がありました。その多くはバブル経済によって金銭的に潤っていた中間層で、親類縁者や友人からブランド品を買ってくるように頼まれていた人も多くいました。かつての日本と同じようなことが中国でも起きているのです。

しかし、中国人観光客による爆買い需要は急速に縮小し、インバウンドは次の段階に移りつつあります。

もちろんこれまでも、買い物が目的でなく、日本の文化や生活に興味をもってやってくる中国人観光客もたくさんいました。富士箱根ゲストハウスはキャパシティ的にも爆買いを目的とした団体客を受け入れることはできませんが、買い物以外の目的で日本を楽しむ中国人の個人旅行客はたくさんやってきます。

急増する訪日旅行客は、中国、韓国、台湾、香港、タイ、シンガポール、マレーシア、インドネシアといったアジア諸国のほか、アメリカ、オーストラリアといった国々からも多くの人が訪れていますし、最近ではヨーロッパ各地からの観光客も増えています。

オーストラリアからのお客さまクリスティーンさん（11回目の来館）

二〇二〇年の東京オリンピック・パラリンピックに向けて、近隣のアジア諸国だけでなく、ヨーロッパやアメリカ、南米、アフリカなどからもさらに多くの観光客が訪れることになります。

こうした地域から一〇時間以上もかけて日本にやってくる観光客は、近隣のアジア諸国からの観光客のように二〜三泊程度の滞在ではありません。時間をかけて遠い異国の地にやってきたのですから、一週間から一〇日ほど滞在するのがふつうです。

富士箱根ゲストハウスに宿泊する欧米系のお客さまも、一週間以上日本に滞在するケースがほとんどです。

まずは東京観光をしてから、箱根に立ち寄って富士山を見て、京都、大阪などの各都市へと向かう旅行客が多くいます（逆のルートをたどる旅行客もいます）。とても二～三泊で移動できる距離ではありません。

当然、滞在時間が長くなればなるほど、宿泊費や食費などに多くのお金を使うことになります。お土産の額も大きくなるでしょう。

中国や韓国など近隣からやってくるお客さまはありがたい存在ですが、時間をかけて遠い国からやってくるお客さまも大切にしなくてはいけません。

ヒマラヤの山小屋まで伝わっていた口コミ

観光業界にとって、「日本に行ってみたい」という外国人の訪日旅行需要が一巡してしまえば、あとはリピーターが頼みの綱になります。しかし最初の日本旅行で、「私たちは歓迎されていない」と思えばリピートしてはくれないでしょう。

外国人旅行客を受け入れるうえで最も大切なものは「もてなしの心」です。もてなしの心は、それを発揮したからといって、すぐにお金になって返ってくるとはかぎりません。でも、長い目で見れば、観光客はリピーターとなって再訪してくれます。また、もてなしを体験した外国人旅行客の「日本はすばらしい国だ。一度は旅行したほうがいい」という評判が各国で広がれば、新たに日本を訪れたいという外国人旅行客も増えていくことになります。

最近はSNSなどで口コミはあっという間に広がっていきますから、日本の観光に満足した外国人が増えれば増えるほど、加速度的に日本を訪れる外国人旅行客は増えていきます。口コミは侮れません。

以前、「ヒマラヤの山小屋で、富士箱根ゲストハウスに宿泊したことのあるアメリカ人登山家から評判を聞いてやってきた」というお客さまがいました。「日本に行くならミスター・タカハシの富士箱根ゲストハウスに泊まりなさいとすすめられたので、箱根にやってきたのです」とのことでした。

また、フェイスブックやトリップアドバイザーといったインターネットのサイトに書き込まれた印象や評判を頼りに、数ある宿のなかから当館を選んでくれる観光客も少なくありません。

富士箱根ゲストハウスは小さな温泉宿です。しかし、浮き沈みの激しい観光業界にあって、三二年もの間、数多くの外国人旅行客を迎え続けられているのは、ひとえにリピーターと口コミによるところが大きいと考えています。次章では、それについて詳しく述べてみたいと思います。

体験的もてなしのポイント

●爆買いに頼らなくても、外国人観光客は日本滞在時間が長くなるほど、宿泊費や食費などに多くのお金を使い、お土産の額も大きくなります。

●「日本はすばらしい国だ。一度は旅行したほうがいい」という評判が各国で広がれば、新たに日本を訪れたいという外国人旅行客も増えていきます。

●富士箱根ゲストハウスが、長年数多くの外国人旅行客を迎え続けられているのは、リピーターと口コミによる誘客があるためです。

第2章

なぜ富士箱根ゲストハウスにはリピーターが多いのか

外国人旅行者が満足する「もてなし」とは

もてなしの原点は「ホームステイ」にあり

私が「富士箱根ゲストハウス」を箱根仙石原にオープンさせたのは一九八四年のことです。一二歳の頃から住んでいた実家を増改築して家族経営の民宿を始めました。

いまでは「ゲストハウス」は全国各地に数多くあり、国内外の観光客に親しまれていますが、当時はまだ「ゲストハウス」という形態の宿泊施設は日本にはほとんどなく、富士箱根ゲストハウスはまさに先駆け的な存在でした。

ところで、読者の皆さんは「ゲストハウス」というと、どんなイメージをもつでしょうか。「バックパッカーなどが利用する安宿」という認識の人が大半ではないでしょうか。

実際、全国各地のゲストハウスのほとんどは、安く宿泊できることを売りとしています。富士箱根ゲストハウスも、素泊まり五〇〇〇円程度で宿泊できますから、箱根ではリーズナブルな価格設定といえます。「安いから」という理由で予約するお客さまもいますが、私が理想とするゲストハウスは単なる「安宿」ではありません。

私が富士箱根ゲストハウスを始めたのは、「自分の実家でもある宿に、外国人を友人として迎え、もてなしたい」という思いからでした。ホームステイを受け入れる感覚に近いでしょうか。

あとでお話ししますが、私はゲストハウスを始める前に長く国際教育や国際交流の仕事に従事してきたので、外国人のお世話を自分のライフワークと考えてきました。自宅にも外国人をホームステイで受け入れ、外国人との出会いや交流を通してさまざまな異文化体験をしてきました。

そのため、従来型の宿泊施設を始めるつもりはなく、国際交流の舞台をつくりたいという意識で自然と行き着いたのが「ゲストハウス」という形態だったのです。

「富士箱根ゲストハウス」という名称も「赤坂迎賓館」の英訳である「State Guest House, Akasaka Palace」にならって名づけました。単なる安宿ではなく、「国賓をお迎えするように外国人旅行客を大切にもてなそう」という志を抱いてオープンしたのです。

富士箱根ゲストハウスの外観

富士箱根ゲストハウスを選ぶお客さまは、「安いから」という経済的理由で宿泊する人ばかりではありません。経済的に余裕があって、社会的地位の高い旅行者もたくさんやってきます。

宿泊客のプロフィールもさまざまです。大使、国連職員、政治家、大学教授、映画監督、俳優、歌手、音楽家、ダンサー、実業家、技術者、医師、弁護士、ジャーナリスト、メディア関係者、大学生など多岐にわたります。

二〇〇八年の北海道洞爺湖サミットのときにイギリスのブラウン首相（当時）の随行員として来日した大学教授が、サミット後に当館に一人で宿泊し、その後奥様と一緒に再訪してくれたこともあります。彼は「これまで世界中の五つ星のホテルに泊まってきたが、あなたの宿はそれらに決して引けをとらない」とまで言ってくださいました。

普通の「安宿」なら泊まらないかもしれないお客さまが、富士箱根ゲストハウスには、当たり前のように次々とやってくるのです。こうしたことが起きるのも、「外国人を友人として迎え、人としてお世話する迎賓館」をめざしてきたからだと思っています。

富士箱根ゲストハウスの原点はホームステイにあります。お客さまの気持ちに寄り添うことこそがもてなしだと考え、ホストファミリーが、異国の地からやってきた人に対して親身になって世話をやくように、外国人旅行客を友人として迎えてきました。

もてなしの心を教えてくれたアメリカのホストファミリー

私たちがめざす「もてなしの心」とは、「外国人を枠にはめず、こちらの価値観を押しつけず、違いは違いとして受け止めて、柔軟な心で相手の立場を思いやり、尊重すること」です。

私は三〇年ほど前にアメリカのアイオワ州の州都デモインの家庭にホームステイしたことがあります。「フレンドシップ・フォース・オブ・ジャパン（The Friendship Force of Japan）」という草の根レベルの外交団体のボランティアとして民間外交使節団四〇名を引き連れて、デモインを訪れたときに、私自身も二つの家庭で二週間のホームステイを体験しました。

私を受け入れてくれたのは、アルタ・ボンク夫妻とマーク・ジョンソン夫妻でした。そこで私は毎朝、ホストファミリーから「卵はどのスタイルで食べたいですか。ボイルド？　サニーサイド？　スクランブル？」と尋ねられました。

最初、私は「卵は卵なのだからどう調理してもたいした違いはない。返事するのは面倒なので、いちいち尋ねないでほしい」と思っていましたが、そのうち「私の気持ちを尊重して尋ねてくれているのだ」と気づき、ホストファミリーの思いを理解できるようになりました。

いま振り返ってみれば、私はこのときに「もてなしの心」の意味するものを学ぶことができたと思っています。自分の価値観を押しつけるのではなく、相手の気持ちを尊重する、そうした心づかいこそが世界に通用する「もてなしの心」だということを学んだのです。

日本では、旅館の部屋でくつろいでいると、突然仲居さんが布団を敷きに部屋に入ってくることがあります。

これは、旅館の文化を知らない外国人から見ると、「突然仲居さんが入室してきた。これではゆっくりくつろぐことができない」という印象に映ることがあります。外国人から見れば、このようなサービスはもてなしと受けとられない場合もあります。

当館で、チェックイン前から布団を用意し、入室後はむやみに部屋に立ち入らないようにしているのも、こうした認識の違いに配慮しているからです。

私はアメリカでのホームステイを通じて、「その国のことは、家庭に入らなければ本当のことはわからない」ということを実感し、それがのちに富士箱根ゲストハウスをオープンする原体験となりました。

ボンク夫妻とは、夫人が亡くなるまで三〇年以上にわたって親交を続けることになりました。

第1章で述べたように、当館はハード面で魅力のある宿ではありません。設備やサービスに関しては、何でもそろっている大型ホテルや大型旅館にはかないません。

一方で、ホームステイを原点とした小さな宿ならではのメリットがあります。それは、お客さま一人ひとりの本音がつぶさにわかること。外国人旅行客が何を望み、何に困り、何を求め、何を喜んでいるのか、それがわかるからこそ適切な対応がとれるのです。高級ホテルのような洗練された接遇は提供できませんが、ホームステイのように、友人として迎え、人としてお世話することによって、外国人旅行客が満足するもてなしができるのだと思っています。

体験的もてなしのポイント

- 富士箱根ゲストハウスの原点はホームステイにあります。お客さまの気持ちに寄り添うことこそがもてなしだと考え、ホストファミリーが、異国の地からやってきた人に対して親身になってお世話するように、外国人旅行客を友人として迎えてきました。
- 自分の価値観を押しつけるのではなく、相手の気持ちを尊重する、そうした心づかいこそが世界に通用する「もてなしの心」だと考えます。
- ホームステイのように、友人として迎え、人としてお世話することによって、外国人旅行客が満足するもてなしができます。

できないことは「できない」と言う

「ウォンツ」のすべてに応えることはできない

先に「友人として迎え、人としてお世話すること」が私の考えるもてなしだと述べましたが、では、当館が外国人旅行客に提供している「もてなし」とは、具体的にどんなものなのか、四つのキーワード（ウォンツ、サービス、ニーズ、ホスピタリティー）に基づいて、具体的にお話ししていきましょう。

日本のホテルや旅館に宿泊する外国人旅行客には、和食を味わいたい、お寿司を食べたい、浴衣を着てみたい、畳の部屋で寝てみたい、温泉に入りたい……といった願望（ウォンツ）があります。こうした希望や欲求に応えることは、もてなしの一つの形です。

高価な一流ホテルであれば、外国人旅行客はほとんどのウォンツを満たすことができるでしょう。しかし、当館のような小さな宿では、できることとできないことがあります。本格的な温泉は提供できますが、お寿司を食べたい、ハラルフードを提供してほしいといったウォンツに対応することはできません。多言語・多文化をもつ外国人旅行客のどんな要求にも応えるのは不可能です。私たちは、できないことは、「できない」とはっきりと言うことが大切だと思っています。

実際、外国人旅行客のなかには、「ダメ元で頼んでみよう」と気軽に要望を言ってくる人がいます。「駅まで送迎してほしい」「朝食に○○を出してほしい」と言われても、家族経営の当館では対応しきれません。そうした要望を逐一聞き入れていたら、最低限の仕事にも手が回らずに、他の宿泊客に迷惑もかかります。だから、できないことには、はっきりと「ノー」と言うようにしています。

かつてこんなことがありました。

ある外国からの旅行客が、ツインルームを一部屋予約していました。当然、二人でやってくるものと思っていたのですが、当館に到着するとなんと八人家族。そして、「心配いりませんよ。私たちは狭くても我慢します。一部屋に八人で泊まります」と言います。

日本では一人につき宿泊料金がかかるのが基本ですが、そのお客さまは「部屋のスペースを一晩だけ買う」という感覚だったようです。だから「何人であっても、ツインルームの料金で泊まってもいいはずだ」というわけです。

それを認めていると宿の経営は成り立ちませんから、日本の宿泊のルールを時間をかけて説明し、納得していただき、当館の規定料金で宿泊することになりました。

私は外国人旅行客に対して、日本を旅するかぎりは思い通りにならないこともあることをしっかりと伝えなくてはならないと考えています。かつて欧米人は日本人にチップの必要性を教えてくれましたが、日本では外国人に日本のルールを教える必要があります。

実際、日本を旅するかぎり、すべて思い通りになるわけではないと理解している外国人旅行客も多くいます。「郷に入れば郷に従え」（When in Rome, do as the Romans do.）という言葉が英語にもあるように、現地の習慣に従わなければならないことを知っています。

できないことには「できない」と言っても失礼にはなりません。要求をすべて聞き入れる必要はありません。「ごめんなさい、それはできないのです」と説明すれば、ほとんどの外国人旅行客は納得してくれます。過剰な要求に対して何でも応えることは、私たちの考えるもてなし方ではありません。

ウォンツに対しては「サービス」で応える

基本的に外国人旅行客のウォンツに対しては、「サービス」で応えるべきだと考えます。つまり、商業的行為に対しては対価を払っていただくのです。

富士箱根ゲストハウスでも、宿泊料金に見合ったサービスを提供しています。たとえば、あらかじめ布団を敷いておき、浴衣やタオル、英語による近隣マップなどは求められなくても提供しています。しかし、宿泊代に見合わないサービスは、求められてもしないようにしているのです。

逆に、あまりサービスをしようとすると、「お金をとられるのでは？」と警戒心をもたれる場合があります。とくに欧米人はサービスに対してはお金を払うのは当たり前だと思っていますから、望んでいないことをされることを好まない人もいます。

後述しますが、当館は共用ラウンジで、外国人旅行者向けに無料でさまざまな日本文化の体験プログラムを催しています。たとえば茶道を体験してもらったりしますが、その案内をするときには、「お金はかかりません。もしご興味があれば」とつけ加えることにしています。

多くの外国人旅行者は興味をもって参加してくれますが、「放っておいてほしい」と思う人もいます。「外国人はみんな喜ぶだろう」という一方的な思い込みは禁物です。

外国人旅行客の「ニーズ」を察知する

私たちが心がけているのは、外国人旅行客の「ニーズ」に応えることです。困っていることや必要としていることを察知して、手助けするという配慮です。

当館に宿泊するお客さまは個人旅行客が中心で、団体旅行のツアー客と違って、バスや電車を乗り継いで自力でやってきます。

日本人が国内旅行をするときでも、初めて訪れる場所では土地勘がなく、交通機関の乗り継ぎがスムーズにできないことがあります。東京などでは、地下鉄やJR、私鉄、路線バスが入り組んでおり、都内に住んでいる人でも乗りこなすのはひと苦労です。箱根も路線バスがいくつもあって、どれに乗ればいいいか、日本人でも迷うくらいです。外国人旅行客にとっては、さらにハードルが高くなります。

外国から個人で訪れる旅行客は、ただでさえ言葉が通じない異国の地で不安を覚えているのに、交通機関を自力で乗り継がないと目的地に到着できないのです。日本語が理解できなければ、どの電車やバスに乗ればいいか、途方に暮れることもあるでしょう。

私はそんな外国人旅行客を「観光弱者」と受け止めています。少しおおげさな表現かもしれませんが、そうとらえることによって彼らの「ニーズ」が見えてきます。

読者の皆さんが個人旅行で外国に行ったときも、楽しみである半面、さまざまな不安を抱くのではないでしょうか。

初めて訪れる慣れない土地でトラブルに巻き込まれないか不安……。

英語が話せない自分に劣等感を感じてしまう……。

目的地にたどり着けるか心配……。

相手の国のルールや文化を知らないため、迷惑をかけてしまうのではないかと不安になる……。

通りすがりの人に道を聞いて、嫌な顔をされないか心配になる……。

日本を訪れた個人旅行客も、同じような不安を抱いています。日本語を話すことができず、日本の文化や習慣を知らないことに不安感を抱いているのが実態なのです。

ときには、間違いを犯しはしないか、迷惑をかけはしないかと気をつかっています。

団体客にはそんな不安感はありません。通訳ガイドがいるし、何かあれば旅行会社が責任をとってくれるから安心です。パッケージツアーに参加している場合は、自分で考えて行動しなくても旅は進んでいきます。そうした安心感があるから、団体客の場合は回りを気にせずに大声で話すというようなことも起きるのです。

一方、個人旅行者は通訳ガイドや添乗員を伴わず、不安を抱えつつ旅をしていますから、そんなお客さまを受け入れる場合は、ニーズ（困っていること、必要としていること）を把握し、つねに相手の立場に立って接する必要があります。

私たちは、外国からの宿泊客をお出迎えするとき、明るい声でこう声をかけます。

「Welcome!」

何時間も飛行機に乗って、わかりにくい電車やバスを乗り継いで箱根の宿まで来てくれたのですから、「はるばる箱根まで、ようこそいらっしゃいました」と心を込めて明るい笑顔で言葉をかけるのです。

まず安心感を与える

「Welcome!」と声をかけたあとは、続けて「How's everything going?」（ここまで来られるのにお困りのことはありませんでしたか？）と尋ねます。

箱根までたどり着くまでには、慣れない日本で言葉や交通機関で困ったこともきっとあったはずです。彼らの気持ちに寄り添って、そうした不安や不満を取り除くこともニーズに対応することだと思っています。

かつて妻と中国の桂林を旅行したときに、バスの乗り方がわからずに困ったことがありました。

通りすがりの人に話しかけても英語は通じません。「銀行員なら英語を話せるかもしれない」と一縷《いちる》の望みをかけて銀行で尋ねてみたものの、やはり通じませんでした。銀行の前で途方に暮れていると、バイクに乗った若者が近づいてきて、「May I help you?」（お手伝いしましょうか？）と声をかけてくれました。

このとき、心からホッとしたのを覚えています。妻は「宿泊したホテルや観光地の記憶はあいまいだけど、声をかけてくれた若者の顔はいまでもはっきり覚えている」

外国人旅行客をもてなす言葉

Welcome! ようこそいらっしゃいました！


How's everything going?

ここまで来られるのにお困りのことはありませんでしたか？

気持ちよくお過ごしですか？

何かお困りのことはありませんか？

May I help you?
お手伝いしましょうか？

If you need any help, please feel free to ask us.
何か必要があればお気軽にお申しつけください

と言っているほどです。不安や不満を感じているときの思いやりほど、心にしみるものはありません。

長年、外国人旅行客を笑顔で出迎えてきた妻はこう言います。

「旅はトラブルの連続で、異文化の国・日本を訪れた外国人は例外なくストレスを抱えています。だから、宿に到着したときは、疲れ切った顔や不満な顔を浮かべているお客さまが少なくありません。でも、そういうときこそ、『よし、チェックアウトで送り出すときまでに笑顔に変えてみせる！』という気になるんです」

私は所用で出かけていることが多い

ので、チェックインはおもに妻や娘、スタッフが対応しています。妻たちの思いやりのひと言が、外国人旅行客の不安感を解きほぐしているのです。

チェックインの手続きが終わったときには必ずひと言告げます。

「If you need any help, please feel free to ask us.」（何か必要があれば気軽に言ってくださいね）

異国にやってきた旅行客は不安な気持ちでいっぱいです。事前にこのように伝えることで安心感を与えることができ、文化の違いから生じる互いの思い違いもクレームになる前に防ぐことができます。

英語が苦手な人は、「こんなことを言ったら、たくさん質問されそうで怖い」と思うかもしれませんが、このように声をかけてもほとんどの方は何も言ってきません。質問攻めにあうこともあまりないので心配はいりません。

むしろ、不安な気持ちのままチェックインすると、あとで「あれも、これも」と質問攻めしてくるものです。

体験的もてなしのポイント

- 異なる言語・文化・習慣をもつ外国人旅行客のすべての要求に応えるのは不可能です。できないことは「できない」とはっきりと言うことが大切です。「ごめんなさい、それはできないのです」と説明すれば、ほとんどの外国人旅行客は納得してくれます。
- 富士箱根ゲストハウスが心がけているのは、外国人旅行客の「ニーズ」に応えること。困っていることや必要としていることを察知して、手助けするという配慮です。
- 外国からのお客さまを迎えるときは、「はるばる箱根まで、ようこそいらっしゃいました」と心を込めて明るい笑顔で言葉をかけます。
- 「何か必要があれば気軽に言ってください」と伝えることで安心感を与えることができ、文化の違いから生じる互いの思い違いもクレームになる前に防ぐことができます。

サービスは控え目に、ホスピタリティーを前面に

外国からのお客さまは何に困っているか

個人の外国人旅行客の場合は通訳ガイドがいないこともあって、よく忘れ物をします。とくに忘れ物をしやすいのは、電車やバスの公共交通機関の中です。乗り慣れない交通機関では、あわてて駅やバス停で降りたりするので、つい忘れ物をしてしまうのです。

パスポートや財布、スマートフォン、旅行ガイドブック、帽子など、忘れ物の種類はさまざまですが、パスポートや財布、スマートフォンを紛失すると、旅行を続けることが困難になります。

忘れ物に気づいた外国人旅行客のなかには、ちょっとしたパニックに陥る人もいます。こんなとき、私たちは事情をよく聞いてバス会社や鉄道会社に連絡をします。

外国人旅行客が電話で「どのバスの、どのあたりの席に置き忘れたか」を説明する

のはむずかしいし、「事務所まで取りに来てください」と言われても理解できません。私たちのゲストハウスに宿泊するお客さまが電車で忘れ物をした場合は、「小田原駅まで取りに来てください」と言われることが多いのですが、宿から小田原駅までは片道一時間、往復で二時間ほどかかるので、さすがに私たちが取りに行ってあげることはできません。小田原駅までのルートを丁寧に教えて自分で受け取りに行ってもらうようにしています。

チェックアウトのときも、手助けが必要なことがあるかもしれないため、当館のスタッフは「今日はどちらに行かれますか？」と尋ねるようにしています。

もてなしの質を高めるには、外国人の「ウォンツ」と「ニーズ」の両面に応える必要があります。ところが、さまざまな観光地では「ウォンツ」のほうばかりに目を向ける傾向があるように思います。

外国人旅行客の心をつかむには、まず、「ニーズ」に目を向けて、旅行客が何に困り、何を必要としているかをしっかりと把握することが肝要です。不安・不便・不満・困難を取り除くことを優先すれば、結果としてお客さまの安心感につながります。ニーズに配慮した対応を心がけることによって、外国人旅行客は「私たちは歓迎されている」と感じるのではないでしょうか。

ニーズに応えることが「ホスピタリティー」

「ホスピタリティー」とは、旅行客の困ったこと、必要なことに、見返りを求めることなく応えることです。

一説によると、ホスピタリティーの原点は、聖地メッカをめざすイスラム教の巡礼者たちを助けた精神にあり、これがホテルの始まりだともいわれています。

「ホスピタリティーとはお布施の心」といえば、イメージしやすいかもしれません。「お天道様の下では対等である」という共通認識をベースにした、他人を思いやる心のことです。

皆さんが外国に旅行に出かけたときに、道に迷った、バスの乗り方がわからない、忘れ物をしたなど、困ったことが発生した場合、とても不安な気持ちになるでしょう。

こんなとき、現地の人から「どうしましたか?」と声をかけられるだけでも安心しますし、懇切丁寧に道やバスの乗り方を教えてもらえれば、これほどうれしいことはありません。無償のホスピタリティーは、どんなおいしい料理よりも、風光明媚な景色よりも、立派な歴史的建造物よりも、旅の記憶に残るのではないでしょうか。その親切心に感動すれば、またその地を訪れたいと思うはずです。

ホスピタリティーとは、ニーズに対して見返りを求めることなく手助けをすることであって、宿泊客の過剰なウォンツに応えることではありません。それは、先述したように、サービスとして有償で提供すべきことです。

富士箱根ゲストハウスは、外国人旅行客のニーズに応え続けてきたという自負があります。お客さまではなく友人として接し、困っている様子であれば、全面的にサポートします。友人を助けるのと同じ感覚です。

当館は、こうした取り組みによって、お客さまの信頼を得て、口コミによって世界中から宿泊客が訪れるようになったのだと思っています。

「笑顔を絶やさず」「本物の味を提供して」「お客さまのご要望に最大限に応える」ことも、もてなしの一つの形ですが、お客さまはホスピタリティーに接したことで心から感動し、「またここに来たい」と喜んでくれます。

当館がめざしているもてなしの実践とは、ニーズとウォンツの違いを理解し、それに合わせてサービスとホスピタリティーをバランスよく提供することです。

富士箱根ゲストハウスの運営方針は、「サービスは控え目に、ホスピタリティーを前面に」です。宿泊代を抑えるためにあえてサービスは最少限にして、お金に換算できない思いやりを充実させるようにしています。

見返りを求めずに手助けをする

当館のラウンジには、自由に書き込める旅人用のノート（ゲストジャーナル）を置いていますが、そのなかで多く使われている言葉はkind、friendly、hospitalityが中心で、「Service」という言葉はまったく見当たりません。

外国人旅行客は、こちらが「お金を落としてくれるお客さま」として接して、サービスを拡充すれば、お客さまとしての態度を返してきます。「あれをしてほしい、これもしてほしい」といろいろ要求してくるでしょう。

その点、当館は部屋代を安くするために、サービスはそこそこにしています。お客さまも過度なサービスは求めてこないため、必要なだけのお世話をすれば満足してくれます。しかし、もし外国人旅行客が忘れ物をして困っているなら、「それは宿泊料金に含まれていないのでできない」という態度ではなく、全面的に助けます。「サー

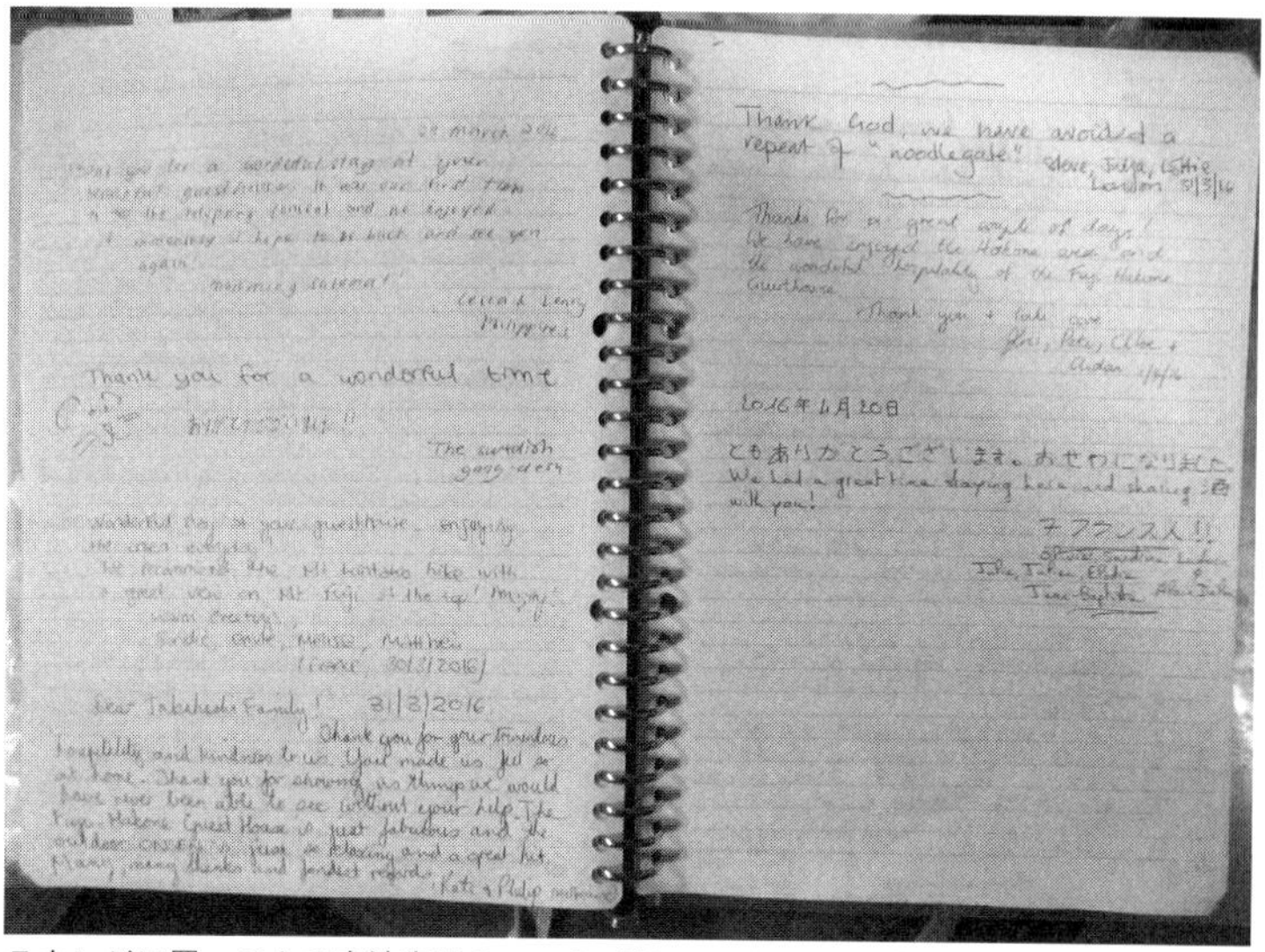

ラウンジに置いてある宿泊客用のノート（ゲストジャーナル）

ビスは控え目に、ホスピタリティーを前面に」が、外国人旅行客に喜んでいただける一つのコツです。

当館では、いわゆるサービスではもてなさず、ホームステイのようなホスピタリティーでもてなします。対価を求めるサービスよりも対価を求めないホスピタリティーを深めてきたのです。

こうした方針を明確にしているからこそ、たいした設備もなく、最少限のサービスしか提供していない富士箱根ゲストハウスでも、各国から外国人旅行客が予約を入れてくれ、何度もリピートしてくれます。ハード面の弱点を「もてなしの心」で補っているのです。

リピート客が多いことは当館の大きな特徴の一つです。香港のマンディ・ウォングさんは、過去一〇年間で九回も宿泊してくれました。何度も泊まりにきてくれる理由を尋ねると、「髙橋夫妻の対応がどこよりもすばらしいから。日本の父母だと思っています」とのことでした。

オーストラリアのブリスベンに住むクリスティーンさんのリピート回数はすでに一一回を数え、わがゲストハウスのリピート回数記録を更新中です。「まるでわが家にいるように、リラックスできる」と言ってくれます。

そのほかにも、親子三代にわたって繰り返し当館を利用してくださる外国人旅行客もいれば、一〇年ぶり、二〇年ぶりに友人や家族を連れて再訪してくれる人も少なくありません。

私たちは、彼らに対して特別なサービスをしているわけではありません。「友人として迎えて、人としてお世話する」というもてなしを変わらずにやり続けているだけです。「富士箱根ゲストハウスには外国人を迎える特別なノウハウがある」と思って

リピーター（9回目のマンディさんと3回目のダルトンさん家族）

いる人もいるようですが、自慢できる設備やサービスがあるわけではありません。ホスピタリティーによるもてなしがリピーターを生んでいるのです。

体験的もてなしのポイント

- 困っているお客さまには、自分で解決できる方法を示すことで手を差し伸べます。
- 不安・不便・不満・困難を取り除くことを優先すれば、結果としてお客さまの安心感につながります。
- 富士箱根ゲストハウスでは、宿泊代を抑えるためにあえてサービスは最少限にして、お金に換算できない思いやりを充実させるようにしています。「サービスは控え目に、ホスピタリティーを前面に」が、外国人旅行客に喜んでいただける一つのコツです。
- サービスではもてなさず、ホームステイのようなホスピタリティーでもてなしているからこそ、たいした設備もなく、最少限のサービスしか提供していない富士箱根ゲストハウスでも、各国から外国人旅行客が予約を入れてくれ、何度もリピートしてくれます。ハード面の弱点を「もてなしの心」で補っているのです。
- ホスピタリティーによるもてなしがリピーターを生みます。

サービスを最少限に抑える理由

何をすべきで、何をしないか

もてなしの四つのキーワード（ウォンツ、サービス、ニーズ、ホスピタリティー）の違いをきちんと認識していると、外国人旅行客に対して何をすべきか、そして何をすべきでないかが見えてきます。ここまでお話ししたことを整理しておきましょう。

要求されても、過剰なウォンツ（要求）には応えないこと。できないことには、はっきり「NO」と言うことが大切です。できないことを引き受けることで、トラブルになることはよくあります。

自国の常識をもち込ませないことも忘れてはいけません。

反対に、要求されなくてもすべきこともあります。

たとえば富士箱根ゲストハウスでは、チェックインの際に英語表記で作成した宿周辺の地図を必ず渡します。

この地図は、観光スポットや飲食店、コンビニだけでなく、ATMやバス停の位置も一目でわかるようになっています。当館では夕食を提供していないことを伝えると同時に、周辺の飲食店やコンビニの情報を提供するのです。

「どこに何があるか」はお客さま共通のニーズなので、聞かれる前に提供してしまいます。こうすることで、お客さまの利便性が高まりますし、宿側も一つひとつの質問に対応しなくてすむというメリットがあります。

要望に合わせて、「この店では日本料理が食べられます」「この店では洋食を提供していますよ」などと伝えることもありますし、フロントには英語で記載した各飲食店の情報と地図が貼り出してあるので、のちほどお客さま自身で確認することもできます。

日本のルールを説明する

富士箱根ゲストハウスで忘れてはならないのは、温泉の入り方を教えることです。当館には、内風呂と露天風呂があり、予約制で時間を区切って貸し切り利用にしています。外国人旅行客は、人前で裸になることに抵抗を感じる人が多いので、以前から、貸し切り利用をルールにしているのです。

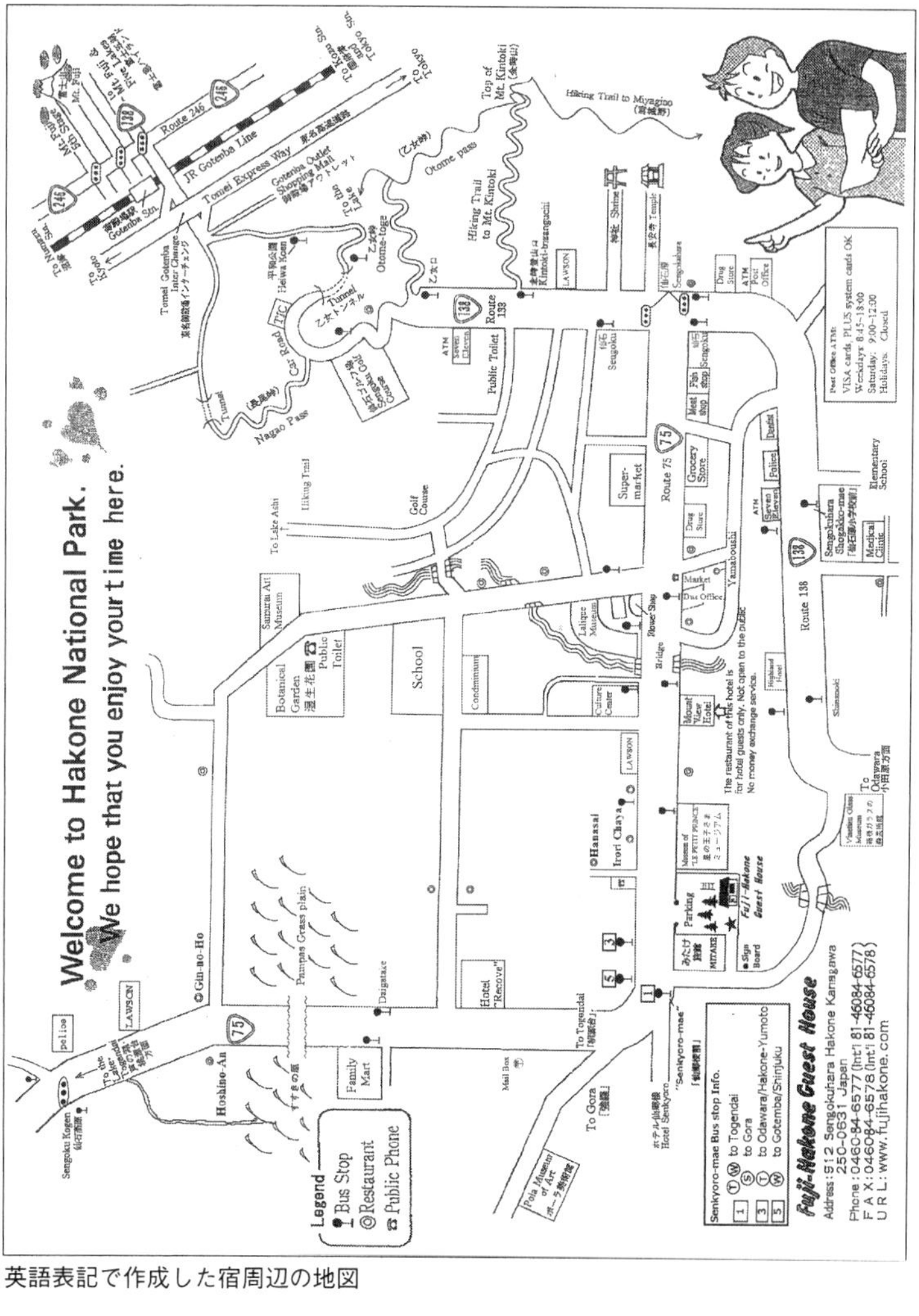

英語表記で作成した宿周辺の地図

こうしたルールを説明するのはもちろんのこと、浴衣の着方や湯船の入り方などを教えることもあります。

日本の温泉入浴は独自の文化であり、外国人はなじみがなく知識もありません。ほとんどの外国人旅行客は、浴衣の着方や入浴の仕方について、「どうしたらいいのだろうか?」と疑問や不安をもっています。

よく指摘されることの一つが、日本の温泉のルールがよくわからなくて戸惑うこと。水着で入浴してはいけない、タオルを湯船につけてはいけないなどといった浴室での禁止事項は、当館では脱衣所に掲示してあるので基本的に問題ありませんが、それ以前のところでつまずいてしまうのです。

多くの旅館では、浴衣に着替えて、貴重品を金庫に入れ、部屋と金庫のカギを両方持って浴室に向かいます。そして服を脱いだら、二つのカギを浴室に備え付けられたロッカーに入れてカギを閉める。入浴後は、浴室のロッカーから部屋と金庫のカギを取り出して部屋に帰る。

この一連の流れは、温泉入浴に慣れた日本人であれば自然にできますが、外国人旅行客のほとんどは初体験であり、流れを理解していません。

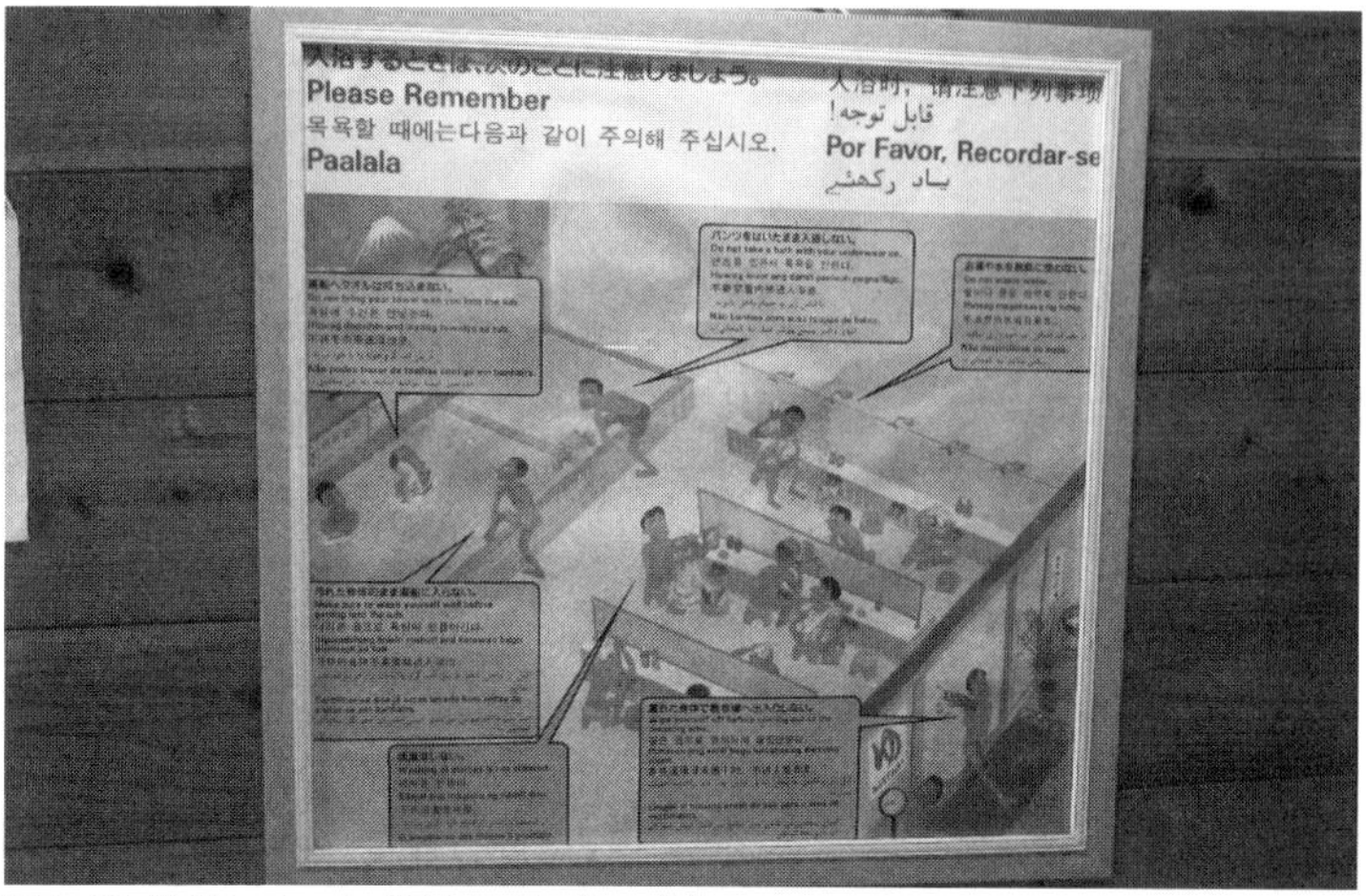

脱衣室に掲示している「温泉風呂の入り方」

富士箱根ゲストハウスの露天風呂

こうしたことは外国人旅行客が誰もが感じるニーズですから、外国人がわかるような説明が必要です。

すべきことと、すべきではないことを明確に

日本のホテルや旅館は、このようなニーズへの対応が求められます。最少限の貼り紙をして、尋ねられたら答えるというスタンスをとっていますが、実際には、どうしたらいいか困っている外国人旅行客の実情を理解する必要があります。

また、当館では旅行バッグの一時預かりや次の目的地の宿を予約する手助けなどを行っています。大きな荷物を持って観光するのは大きなストレスになりますし、日本語が話せない外国人にとっては、次の宿の予約は簡単ではないからです。

このように四つのキーワードを意識していると、「すること・しないこと」「したほうがいいこと・しなくてもいいこと」がはっきりします。当館は基本的には、すべきことと、すべきではないことをできるだけ区別するようにしています。こうすることによって、サービスを最少限に抑え、ホスピタリティーに重点を置くもてなしができるようになるのです。

体験的もてなしのポイント

- 外国人旅行客には自国の常識をもち込ませないようにします。できないことを引き受けることがトラブルの元になります。
- 富士箱根ゲストハウスでは、チェックインの際に英語表記で作成した宿周辺の地図を渡します。
- 温泉の入り方など外国人旅行客が誰もが感じるニーズについては、外国人がわかるような説明書きを用意する必要があります。
- すべきことと、すべきではないことをできるだけ区別します。それによって、サービスを最少限に抑え、ホスピタリティーに重点を置くもてなしが可能になります。

英語はどれくらいできなくてはいけないか

「流暢に話す」よりも大事なこと

外国人旅行客を受け入れるうえでは、「英会話」も大切な要素になります。実際、「外国人旅行客を受け入れよう」「インバウンドをビジネスチャンスととらえよう」というとき、多くの人が最初に取り組むのが英語の学習です。

英会話に苦手意識をもっている人は、外国人とのコミュニケーションを避けようとする傾向があります。これまで日本人観光客ばかりを相手にしてきた人にとって、外国人旅行客と会話をするのはプレッシャーになるでしょう。そこで、外国人を接客するために、まずは英語力を身につけようと考える気持ちはわかります。

たしかに、英語は話せないより話せたほうがいい。当然です。外国人もコミュニケーションが楽ですし、迎え入れる側も仕事をやりやすいでしょう。

しかし、外国人旅行客とコミュニケーションするうえで最も大切なのは、英語力ではありません。相手を歓迎しようという気持ちがあれば、言葉を話せなくても必ず相手に通じます。

私たち宿泊業の場合は、使う単語やフレーズはかぎられています。もちろん、深いコミュニケーションをしようと思えば、相当の英語力が必要になりますが、接客をするうえでは最低限の単語やフレーズを覚えておけばほぼ問題ありません。

イギリス人やアメリカ人、オーストラリア人など英語を母語とする旅行客は、日本人がカタコトの英語で話しても、想像力を働かせて理解してくれます。また、訪日外国人客の七割以上を占めるアジア系の旅行者の多くも、そこそこの英語を話します。むしろ、お互いがシンプルな英語で話したほうが通じる場合もあります。

英語を流暢に話すことよりも大事なのは、相手を歓迎する心を育むことです。知っている単語を並べるだけも、一生懸命伝えようと努力する姿を見れば、相手はその気持ちに感動し、何を伝えたいのか推察しようとします。

それは逆の立場になれば、容易に想像できます。もし海外旅行に出かけて、現地の人が日本語で一生懸命話そうとしてくれたら、私たちはそれだけで感激しますし、カタコトの日本語を何とか理解しようという気持ちになります。

私は長い間、英語教育の分野で仕事をしてきたこともあって、日常会話レベルの英語は話せますが、ネイティブのように流暢に話せるわけではありません。

当館で働くスタッフたちも、最初はカタコトの英語しか話せませんでしたが、それでも相手を歓迎する気持ちがあれば意思疎通はできますし、実践を重ねるうちに不自由しなくなります。

当館にインターンシップでやってきた大学生の一人は、こんな感想を残しています。

「ここで働いてみてわかったのは、外国人と交流をするうえで必要なのは、これまで習ってきた受験英語ではなく、コミュニケーションをはかるための実践的な英語だということです」

外国人旅行客が急激に増えているなか、いまから英会話を完璧にマスターしようとしても間に合いません。あわてて高額な英語教材を買い込む必要も、英会話教室に毎週通う必要もありません。実践のなかで英語力は自然と身についていくものです。

いま必要なことは、英単語や文法を暗記することではなく、相手を思いやる心を育みながら相互理解をはかる「異文化コミュニケーション能力」を身につけることなのです。

ノウハウだけでは満足してもらえない

外国人旅行客をもてなそうとするとき、多くの人が英語と同じく力を入れているのが、外国人旅行客を受け入れるための「ノウハウ」です。

外国人向けの接客マニュアルを整備する、体の大きな外国人に合わせて浴衣や布団の丈を長くする、スリッパを大きくするというのも、宿泊業界ではよく知られたノウハウといえます。

当館にも、長年積み重ねてきた外国人対応のノウハウがあります。

たとえば、先述したように、客室のふとんは前もって敷いておき、チェックイン後はプライバシーを尊重して客室内に立ち入らないようにしています。

ふとんは、ベッドがある部屋のように枕を壁につけて敷きます。欧米人の場合は、頭上部が空いていると、安心して寝られない人が多いことに配慮した対応です。

また、宿泊者が交流するラウンジには、つねに水を入れたポットを置いて、自由に飲めるようにしています。外国人は日本人よりも水をよく飲む傾向がありますが、水道の蛇口から出る水には抵抗が強いため、ポットに入れておくほうが安心するのです。

これらは、外国人旅行客が少なかった時代は当館だけのノウハウだったかもしれませんが、外国人旅行客が年間二四〇〇万人も訪れるいまとなっては、書籍やセミナーでも似たようなノウハウが紹介されているでしょう。

英語と同じで、ノウハウもないよりはあったほうがいいのは事実です。しかし、ノウハウだけでは外国人旅行客を満足させることはできません。

外国人旅行客にはいろいろな人がいます。日本文化にあまり興味がない観光客もいるでしょうし、ゆっくりと食事を楽しみたいという観光客もいるでしょう。ノウハウ偏重に陥ってしまうと、「外国人旅行客はこういうものだから、これをすれば喜ばれる」という固定観念にとらわれがちになります。日本人観光客がそれぞれ異なる嗜好や目的をもっているように、外国人旅行客にも「個性」があります。そのようなパーソナルな部分を置き去りにして、「お金を落としてくれるお客さま」として画一的にとらえていると、外国人は不満をもつことになります。

ノウハウやテクニックに頼りすぎると、お客さまを喜ばせることはできても、心の底から満足してもらうことはむずかしいのではないでしょうか。頭で考えたことに頼りすぎると、こちらの価値観の押しつけととられる場合があることを認識しておく必要があります。

体験的もてなしのポイント

- 英語は、接客をするうえで最低限の単語やフレーズを覚えておけば問題ありません。
- 必要なのは、これまで習ってきた受験英語ではなく、コミュニケーションをはかるための実践的な英語です。
- 大切なことは、英単語や文法の暗記ではなく、相手を思いやる心を育みながら相互理解をはかる「異文化コミュニケーション能力」を身につけることです。
- 相手を思いやる心のない自己満足のノウハウやテクニックに頼りすぎると、こちらの価値観の押しつけととられる場合があります。

外国人旅行客がリピーターになる理由

もてなしの極意は「心のケア」

ノウハウやテクニックよりも大切なのは、真摯に外国人旅行客と向き合い、困っていることに手を差し伸べることです。それが「異文化コミュニケーション」の第一歩です。

富士箱根ゲストハウスでは、茶道や琴など日本の文化を体験できるようなイベントを開催することがあります。また、地元のお祭りや行事など、日本文化を体験できる情報を提供しています。

とくに欧米系の外国人旅行客は、日本の文化や生活を体験したいという希望をもつ人が多く、そうしたイベントに喜んで参加してくれますが、なかには「興味がない」「部屋でゆっくりしたい」という人もいるので、無理に参加をすすめることはありません。頭で考えたノウハウは、外国人から見るとピントが外れていることがあり、日本人が、こうすれば喜ぶだろうと考えたことを喜ぶとはかぎりません。

大切なことは「ノウハウの提供」ではなく、「心からのもてなし」です。

ノウハウを表面的になぞるだけでは本物のもてなしにはなりません。もてなす心は、座学で身につくものではなく、現場での体験をとおして、心と体で会得していく以外に道はありません。

私がとくにそうした思いを強くしたのは、思想家・内村鑑三の言葉を知ってからでした。明治二七年に箱根の芦ノ湖畔で講演した内村鑑三は『後世への最大遺物』という本のなかで、次のように述べています。

「人は孤児院を建てたり、大事業を成し遂げたりして、後世に貢献できるものを残すことができる。しかし、そのようなものを残せる人は限られている。では、それを残せない人はどうするか。誰もが後世に残せるものがある。それは『勇ましい高尚なる生き方』だ。それは形としては残らなくても、後世のお手本となる」

私は、日本人、外国人を問わず、つねにもてなしの心で接することは「勇ましい高尚なる生き方」そのものではないかと思います。もてなしの心を実践しても、お金になって返ってくるとはかぎりませんが、相手は、もてなしの心で接してくれたことに感謝するはずです。

外国人旅行客はマニュアル的な対応や一方的なサービスを求めているわけではありません。ビジネスノウハウやテクニックに頼るだけなく、日本人一人ひとりがもてなしの心を育んで外国人旅行客と対等な人間として向き合う姿勢を身につけることがインバウンドの振興にとって肝要であると、私は考えています。

小さな心づかいに感動する外国人旅行客

もちろん、基本的な外国人対応がまったく行き届いていなければ不満を感じる観光客もいるでしょう。

観光スポットに外国語対応の音声ガイドサービスがあったり、宿泊した宿に日本文化を体験できる催しなどがあれば、それを喜ぶ観光客は多いでしょう。しかし、それらはあくまでもサービスの一環であり、宿泊料金に含まれた行為です。こうしたサービスを受けて喜ぶことはあっても、感動して「また日本に来たい」と思わせることはあまり期待できないのではないでしょうか。

外国人旅行客は、日本人の「もてなしの心」にふれることができてはじめて感動し、

「また日本に来たい」と思ってくれるのだと思います。そうでなければ、私たちのような簡素なゲストハウスに外国人旅行客が連日やってくる現実を説明することはできません。

当館には立派な設備もなく、夕食も提供しておらず、外国人旅行客だからといって特別なサービスをしているわけでもなく、やっていることは「遠来の友人」に対する小さな心づかいだけです。

当館に外国人旅行客が多く訪れるのは、世界的に有名な旅行ガイドブックである『ミシュランガイド』におすすめの宿として紹介されていることもありますが、いちばん大きな要素は、一度宿泊した観光客がリピートしてくれたり、あるいは友人・知人に紹介したり、SNSなどのサイトを通じて口コミで広めてくれたりしているからです。「トリップアドバイザー」のような口コミサイトの投稿を見て、当館を選んでくれる観光客も多くいます。

つまり、もてなし体験に感動した観光客たちが、「富士箱根ゲストハウスはホスピタリティーにあふれる宿だ」と評価してくれ、それらの積み重ねが、外国人旅行客の間で評判となり、集客につながっているのです。

無償のもてなしは、外国からやって来た人にとって新鮮かつ感動的な振る舞いに見えます。外国人旅行客は、日本人のもてなしの心に感動し、リピーターとなり、好意的な口コミを広めてくれるのです。

いちばん大事なのは「お金」ではなく「信用」

もてなしの心から入れば、経済はあとからついてくる――その真理を、箱根にゆかりのある二人の先人が説いています。

江戸時代末期に活躍した二宮尊徳は、箱根に隣接する小田原出身の篤農家で、六〇〇にも及ぶ疲弊した村々を復興させた人物として知られています。

尊徳は「道徳のない経済は罪悪である。経済を忘れた道徳は寝言である」とし、私利私欲に走るのではなく、社会に貢献すればいずれ自分自身に還元されるという「報徳思想」を説きました。「すべての商売は、売りて喜び、買いて喜ぶようにすべし。売りて喜び、買いて喜ばざるは人の道にあらず」という言葉を残しています。

もう一人は、日本資本主義の父といわれる渋沢栄一で、第一国立銀行や東京証券取引所などのほか、五〇〇を超える企業の設立や人材育成に関わり、同時に公共事業や民間外交にも尽力した人物です。

渋沢栄一は、著書『論語と算盤』のなかで「道徳経済合一説」を打ち出し、「富をなす根源は何かと言えば、仁義道徳。正しい道理の富でなければ、その富は完全に永続することができぬ」と述べています。

大ヒットしたＮＨＫの連続テレビ小説『あさが来た』では、渋沢栄一に扮した三宅裕司さんが、「世の中の銀行家は、一番大事なものはお金を集めることだと考えている。しかし、本当に大事にしなければならないのは顧客からの信用だ」というセリフを言っていました。道徳や理想がなければ、一時的に潤うことはあってもビジネスは持続しないというわけです。

私は、二宮尊徳と渋沢栄一が説いた理念は、現在のインバウンド業界に対する警鐘だととらえています。

外国人旅行客は日本人のもてなしの心にふれることによって、日本に来てよかったと満足し、日本という国を信用してくれ、そしてその思いは口コミとなって、世界へと広がっていき、日本を訪れる外国人旅行客の増加につながるはずです。二〇二〇年の東京オリンピック・パラリンピックのあとも外国人旅行客が、日本にやって来てくれるかは、これから数年間の日本人の意識と発想の転換にかかっているといっても過言ではないように思います。

私たちの富士箱根ゲストハウスは小さな宿ですが、長年にわたって何度もリピートしてくれて友人づき合いをしている外国人旅行客もたくさんいて、当館をすすめる口コミを世界に発信してくれています。

殿堂入りを果たした「トリップアドバイザー」のサイトを覗くと、三〇〇件近くの口コミが書き込まれていますが、九割以上は当館に泊まってよかったという声です。口コミサイトは批判的な意見が書き込まれやすいという現実を考えれば、非常にうれしいことで、私たちはこれを誇りに思っています。

もてなしの心で接することは、外国人旅行客を喜ばせるだけではなく、接遇する自分自身の心も豊かにします。思いやりをもって接すれば、相手から感謝されますし、それがきっかけで交流が生まれることもあります。何より人のためを思って行動することは気持ちのいいものです。

おおげさに聞こえるかもしれませんが、インバウンドに関係する人たちがめざすべき最終目的は、目先の利益ではなく、「国際相互理解」と「世界の平和」だというのが私の考えです。もてなしによって相手との信頼関係を育み、国を越えてお互いが心の交流をする。それは小さな一歩かもしれませんが、グローバルな視点で見れば、私もあなたも世界の平和に貢献することになるのではないでしょうか。

体験的もてなしのポイント

● 外国人旅行客は、日本人のもてなしの心に感動し、リピーターとなり、好意的な口コミを広めてくれます。

第3章

いかに外国人観光客を地元に迎え入れるか

日本全体が「国際観光地」になる時代

「インバウンド」は地方創生のキーワード

第2章では、宿泊施設や商店など外国人旅行客を相手にビジネスをする観光業界の関係者が、どのような心構えで、これからのインバウンドに対応すべきか、私なりの考えを述べました。

しかし、インバウンドは観光業界だけに関係のあることがらではありません。冒頭にも述べましたが、観光先進国をめざす政府は、外国人観光客を二〇二〇年までに四〇〇〇万人、二〇三〇年までに六〇〇〇万人に増やす目標を掲げています。二〇二〇年の東京オリンピックの頃には、現在の二倍近くの外国人旅行客が日本にやってくることが予想されているのです。

現時点でも、日本各地の有名観光スポットに出かけると、多くの外国人旅行客を見かけます。かつては東京や京都、大阪などが中心でしたが、その波は地方にも達しています。このまま政府の目論見どおり外国人旅行客が急増すれば、日本各地をさらに多くの外国人が日常的に旅するようになります。

箱根にも、これまでに増して多くの外国人観光客が訪れています。東京から約一時間半でアクセスできるという利便性のよい立地もあり、箱根湯本駅前の商店街は連日、大勢の外国人旅行客でにぎわっています。

地方に出張に行くと、外国人旅行客がかつてないほど増えていることが目に見えてわかります。これから先、確実に日本中にインバウンドの大きな波が押し寄せることでしょう。好むと好まざるとにかかわらず、すべての日本人に外国人旅行客と接する機会が増えるのは必至です。外国語が話せないからといっていつまでも尻込みしてはいられません。

ペリーの黒船来航以来の衝撃が、「外国人旅行客の急増」という形で日本全国を襲うと表現する人もいます。明治維新、第二次大戦後に続く「第三の開国」という言葉も聞きます。

これは地方活性化の大きなチャンスです。人口減少によって経済活動が先細りすることが予想される地方にとって、ビジネスチャンスをもたらしてくれる外国人旅行客はおおいに歓迎すべき存在です。

人口減少社会が進めば、日本人の国内旅行客はどうしても少なくなっていきます。よほどの活性化策を施して、魅力的な観光スポットを開発することができなければ、地方の観光産業は衰退していくばかりです。しかし、外国人旅行客に地元の魅力を発信して、多くの外国人に訪れてもらうようにすれば、地方は活性化していきます。

近年、全国各地で「地方創生」が叫ばれていますが、外国人旅行客の受け入れは地方創生の鍵となるはずです。私は箱根という観光地で仕事をするなかでこれを実感しています。

いまこそ、観光業界だけでなく、日本全国の人が外国人旅行客の急増という現象に真摯に向き合い、地域のあり方を見直すときだといえます。すべての日本人に、外国人旅行客を受け入れる心構えが必要な時代が訪れようとしています。

あなたの住む町が「国際舞台」に

先日、ある大学の観光学部で国際観光について講義をした際、学生に向けてこんな問いかけをしました。

「将来、国際舞台で活躍したいと考えている人は手を挙げてください」

驚いたことに、誰も手を挙げませんでした。

どうして手を挙げないのか。そんなはずはない――。そう思った私は、次にこんな質問をしました。

「英語が苦手だという人は手を挙げてください」

すると、ほとんどの学生が手を挙げました。

このとき謎が解けました。学生たちは国際舞台を「海外のこと」と受け止め、「外国語が話せなければ国際的に活躍できない」と思い込んでいるのです。

続けて、私は話しました。

「国際舞台と言ったので、皆さんは、海外で活躍することだと思ったのではないですか。これから日本には四〇〇〇万人の外国人がやってきて、日常的に日本各地を訪れるようになります。つまり、皆さんの故郷が国際舞台になる時代が来るのですよ」

こう説明すると、教室内にどよめきの声があがりました。

学生にかぎらず、一般の社会人に同じような質問をしても、同じような反応を示すのではないでしょうか。

ほとんどの日本人は、「国際舞台」とは外国のことで、外国語を話せない自分には関係のない世界だと思い込んでいますが、外国人旅行客が地方に押し寄せれば、そこが国際観光地になります。

「国際舞台＝外国」を「国際舞台＝自分の町」という発想に転換しなくてはなりません。これからはあなたの住む地域や学校、観光施設などが「国際舞台」になるのです。地域のことをいちばんよく知っている地元の人たちが主役にならなければならない時代が、すぐそこまで来ています。

長い間、インバウンドよりもアウトバウンド（日本から国外へ出かけて行く旅行）のほうがはるかに多かった日本人にとっては、まだピンと来ないかもしれません。しかし、インバウンドの大波はすぐそこまでやってきています。「脳内鎖国」から脱却しなければなりません。

いまはまだ想像できないかもしれませんが、数年後には、あなたの住む地域で毎日のように外国人を見かけるようになります。それは誰も止めることはできません。それが時代の流れであることを受け入れる必要があります。

IT革命によって、好むと好まざるとにかかわらず、誰もがパソコンやスマートフォンでインターネットにふれざるを得なくなったのと同じです。時代の変化をいち早く受け入れて適応したほうが賢いのです。

「案ずるよりも産むがやすし」という言葉がありますが、外国人旅行客を、地域を活性化してくれる大事なお客さまだと認識し、インバウンド客を積極的に受け入れる準備ができた地域が生き残り、経済が活性化していくことになるのではないでしょうか。

私が外国人旅行者の受入れについて関心をもつようになったきっかけは、大学を卒業して箱根町役場に勤務し、町づくりに携わった経験です。

箱根町は、国内外から年間二〇〇〇万人を超える客が訪れる日本を代表する国際観光地です。いまほどではありませんが、当時も外国人観光客が多くいました。私はそのときから、「外国人旅行客のニーズに応える町づくり、地域づくり」を考えるようになったのです。

私の大伯父の石村喜作は初代箱根町長として観光町づくりに尽力し、また、地元選出の参議院議員であった大叔父の石村幸作は、一九六四年に東京オリンピックが開催された際、国際観光旅館連盟（当時）の会長として外国人旅行客の誘致に奔走しました。いま、箱根で外国人旅行客を相手にゲストハウスを経営し、町づくりと外国人観光客誘致に関わっている私は、不思議な因縁を感じるとともに身の引き締まる思いがしています。

業界のもてなしと地域のもてなし

外国人旅行客が現在の二～三倍に増えれば、大勢の外国人があなたの住む町を訪れ、住民の生活圏を歩き回るようになります。

電車やバスなど公共交通機関では外国人旅行客と乗り合わせ、地元の人しか使っていなかった銭湯に外国人旅行客が入ってきて、隣で体をごしごし洗う光景が当たり前になるでしょう。そうなると、「外国人旅行客の対応はホテルや旅館に任せておけばいい」というわけにはいかなくなります。

もてなしには「業界のもてなし」と「地域のもてなし」の二つがあります。これからは観光業界のもてなしだけでは十分ではなくなります。地域のもてなしが観光先進国をめざすうえでのキーワードとなっていくことでしょう。

もちろん、各地の自治体が町づくりを見直して外国人旅行客を受け入れる体制をつくることも、観光業界の努力で外国人向けのサービスを充実させていくことも当たり前の仕事ですが、外国人旅行客が四〇〇〇万人を超える時代には、それだけでは追いつかなくなっていきます。

学校の先生も、子どもたちも、交番の警官も、病院の医師や看護師も、消防署員も、バスの運転手も、スーパーのパート社員も、地域ぐるみで外国人旅行客と向き合わなければならなくなります。その地域で暮らす一人ひとりが外国人旅行者を歓迎する心を育んでいくことによってはじめて、外国人観光客に喜んでもらえ、結果的に地域が潤うことになります。

道に迷っていたり、困っていたりする外国人旅行者に対して、対応の仕方がわからないからといって手を差し伸べずにいると、外国人旅行客は「日本人は不親切」という印象をもち、日本を再訪しようとは思わなくなるかもしれません。

ホテルや旅館など観光業者だけで外国人旅行客を受け入れるのは過去の時代の話です。外国人旅行客数が二〇〇〇万人を超えて、三〇〇〇万人、四〇〇〇万人が押し寄せようとしているいま、業界人だけが外国人旅行客の受け入れノウハウを習得して態勢を整えるだけではすまなくなっています。

これからは、地域ぐるみで外国人受け入れの質を高めていかなければ、その地方を訪れる外国人旅行客は先細りとなり、地域経済にも影響していくことになります。

体験的もてなしのポイント

- 「第三の開国」は地方活性化の大きなチャンス。「国際舞台＝外国」を「国際舞台＝自分の町」という発想に転換しなくてはなりません。
- これからはあなたの住む地域や学校、公共施設なども「国際舞台」になります。地域のことをいちばんよく知っている地元の人たちが主役にならなければならない時代が、すぐそこまで来ています。
- 地域ぐるみで外国人受け入れの質を高めていくことで、地域経済を活性化させることができます。

地域ぐるみで外国人観光客をもてなす

あえて近所の飲食店を利用してもらう

富士箱根ゲストハウスでは宿泊客に夕食を提供していません。先に述べたとおりです。したがって、ほとんどの外国人旅行客は、近くにある数軒の飲食店を利用しているのですが、外で夕食を食べてもらうのには、一つの狙いがあります。「外国人旅行客に当館の外にも交流の場を広げてもらいたい」という思いがあったのです。

富士箱根ゲストハウスにやってくる外国人旅行客は、当然ながら、当館に泊まることが旅の目的ではありません。箱根の観光スポットを目当てにやってくる人もいれば、日本食を楽しみにしている人もいます。それぞれ目的は異なりますが、多くに共通するのは、日本文化にふれることや日本人との交流を楽しみにしている点です。

それなら、日本人が普段利用している飲食店で食事をしてもらうのがいちばんだと考えたのです。

外国人旅行客のなかには、観光客向けの食事に飽き飽きしている人もいますし、日本人が普段食べている食事に興味のある人もいます。そうした人たちにとって、一般的な飲食店や食堂、居酒屋で食事をとるのは貴重な経験になります。

たまたま隣り合わせた日本人と意気投合して、「楽しい一夜を過ごせた」と感激することもあれば、「英語が通じなくて苦労した」という体験をすることもあるでしょう。外国人旅行客にとっては、失敗談も含めて、外で飲食をする体験は思い出に残るものです。

じつは、富士箱根ゲストハウスをオープンしてから一〇年間ほどは、飲食店でのトラブルが絶えませんでした。

当時の箱根は個人旅行をする外国人客がまだ少なく、近所の飲食店も日本人相手に商売をしているだけでした。飲食店を利用する外国人は当館の宿泊客くらいだったので、飲食店側は外国人を受け入れるノウハウをもっていなかったのです。そのため、近所の飲食店は当初その受け入れに積極的ではありませんでした。日本語が通じない、メニューが理解できない旅行客に対応するのは手間がかかりますから、その気持ちはよくわかります。

小さなトラブルは日常茶飯事でした。「言葉が通じない」といった問題に始まり、「注文と違うものが出てきた」「頼んだのに出てこない」というクレームも発生しました。また、「代金の支払い方がわからない」「日本円をもっていない」「クレジットカードが使えない」といったトラブルも数多くありました。

そのたびに外国人旅行客や飲食店の店員から当館にSOSの電話が入りました。電話で解決できるものはまだましで、にっちもさっちもいかず、トラブル解決に夜道を走っていかねばならないこともありました。近所の飲食店にはいろいろと迷惑をかけてきました。申し訳ない気持ちでいっぱいです。

しかしその一方で、飲食店での出会いや体験に感激してくれた外国人旅行客がたくさんいました。

そして、当館のオープンから一〇年ほど経つと、近所の飲食店も外国人旅行客の受け入れに理解を示し、英語のメニューをつくったり、文字だけでなくメニューに料理の写真を載せたりするなど、さまざまな協力をしてくれるようになり、トラブルが起こらなくなってきました。最近では、外国人旅行客を送迎してくれる飲食店もあります。近所の飲食店の皆さんには大変感謝しています。

いまは日本全国を外国人観光客が旅しています。もしもお店が「外国語が話せないから、外国人旅行客は受け入れたくない」という姿勢で接客していたら、外国人旅行客はどう思うでしょうか。

日本語がわからなくても、その雰囲気で自分が歓迎されていないことを察知するでしょう。そのような思いをした外国人旅行客は、「もうあそこには行きたくないし、人にもすすめたくない」と思うに違いありません。飲食店は、地域ぐるみのもてなしをするうえでなくてはならない存在です。飲食店の皆さんもインバウンドの振興に大きく寄与しているのです。

宿のない外国人を助けた小学生

もう一つ、地域ぐるみのもてなしに関連したエピソードを紹介しましょう。

一九九三年、地元の仙石原小学校の生徒の一人がこんな作文を書きました。

「最近は仙石原でも外国人旅行客をよく見かけるようになりました。うちのお店にも外国から観光客がやってくるので、英語を勉強して歓迎したいと思います」

この作文がきっかけとなって、生徒たちが英語の必要性を感じ、仙石原小学校に

「世界とともだちクラブ」が誕生しました。私も当館のラウンジを提供し、外国人との交流の場を設けるサポートをしました。

こうして地元の小学校で英語学習熱が高まるなか、ある出来事が起きました。

世界とともだちクラブに所属する小学六年生の男の子が、箱根の西側の入り口であるJR御殿場駅で泊まるところがなくて困っているインドネシア人三人組と出会いました。

彼は勇気を出して英語で話しかけました。インドネシア人の事情を聞き、「それなら富士箱根ゲストハウスがある」と言って、当館まで案内してきてくれたのです。

無事に宿が見つかったインドネシア人が大喜びしたのはもちろんですが、小学生の男の子もとてもうれしそうな顔をしていました。誇らしい気分だったに違いありません。

こうしたふれ合いは、お互いにとって大切な思い出になります。助けてもらったインドネシア人は、帰国後も「日本で宿がなくて困っていたときに、小学生の男の子が宿まで連れて行ってくれた」と多くの人に語るでしょう。その話を聞いた人も幸せな気持ちになるはずです。

一方で、英語で話しかけた男の子にとっても、外国人旅行客とのコミュニケーションを通して困っている人を助けた経験は、貴重な財産となったはずです。

地域ぐるみで外国人旅行客をもてなすことの魅力は、このような点にあります。もてなされた外国人旅行客だけでなく、もてなした地域の住民も幸せな気持ちになります。「外国人旅行客は自分には関係ない」という姿勢でいたのでは絶対に経験できない感動体験です。

私自身も、高校生の頃に似たような体験をしたことがあります。

仙石原の自宅から小田原市内の高校にバス通学していたときのことです。バスで偶然隣り合わせた外国人の老夫婦にホテルへの行き方を尋ねられ、カタコトの英語で教えて大変喜ばれました。これは、私が外国人と英語で会話をした初めての経験であり、コミュニケーションの楽しさを知るきっかけになりました。

その後、英会話学校に通うようになった私は、英語教育や国際交流の仕事を経て、外国人旅行客を迎え入れるゲストハウスをオープンするに至りました。高校生のときのバスの中での異文化交流は、私の原点ともいえる体験であり、いまでも忘れられない思い出になっています。

ここでは箱根の飲食店と小学生の例、私自身の高校時代の体験をお話ししましたが、これらは地域に暮らしている人全員に関係のある話です。

ホテルや旅館で働く人でなくても、市民の一人ひとりが外国人旅行客の来訪を歓迎し、人として向き合い、もてなしをする。そのような地域が日本各地に生まれることによってはじめて、日本の観光先進国は実現するのではないでしょうか。

自分が生活している地域で、自分のできる方法で外国人旅行客をもてなす。そうすることによって、自分の人生が豊かになり、外国人旅行客も喜んでくれる。もっといえば、それは外国人旅行客の増加や地域の発展にもつながり、ひいては日本の将来のためにもなる。そのような思いで地域の一人ひとりがインバウンドと向き合うことが大切だと思います。

体験的もてなしのポイント

●日本の文化にふれることや日本人との交流を楽しみにしている外国人観光客には、日本人が普段利用している飲食店で食事をしてもらいます。

●飲食店は、地域ぐるみのもてなしをするうえでなくてはならない存在です。飲食店の皆さんもインバウンドの振興に大きく寄与しています。

●日本の各地で、自分にできる方法で外国人旅行客をもてなすことによって、自分の人生が豊かになり、外国人旅行客も喜んでくれます。それは外国人旅行客の増加や地域の発展につながります。そのような思いで地域の一人ひとりがインバウンドと向き合うことが大切だと思います。

インバウンドには異文化トラブルがつきもの

外国人に対するアレルギー反応

外国人旅行客が日本各地を訪れるようになれば、地域では経済が活性化し、国際交流が深まります。しかし、どんなことにも明と暗の両面があるように、インバウンドはいいことばかりではありません。異文化トラブルがつきものです。

外国人の旅行には、大きく分けて「団体旅行」と「個人旅行」があります。団体旅行でトラブルが起こった場合は、添乗員や通訳ガイドが対応しますが、個人旅行の場合は面倒を見る人がいないため、宿泊施設や地域住民が対応する形になります。そのとき、外国人旅行客への対応に慣れていないと、ちょっとした行き違いで大きな問題に発展する可能性があります。

たとえば、マナー違反やエチケット違反。外国人観光客のなかには、店頭で売られている薬品などの包装紙を開けて中身を確かめようとする人もいます。その国では当たり前のことかもしれませんが、日本の社会では困った問題です。

最近、話題の「民泊」もトラブルのもとになっています。

民泊とは、旅行者が対価を払って一般の民家に宿泊することで、都市部のマンションの空き部屋などが外国人旅行客向けに貸し出されています。

これらのマンションの多くには、以前から住んでいる日本人の住民もいるわけですから、毎日のように違う外国人旅行客が建物に出入りするようになれば、当然不安を覚えることになります。夜中に大騒ぎしたり、ゴミ捨て場に大量のゴミを廃棄したりする観光客もいて、マナー面でも大きな問題となっています。

こうしたマナー違反や異文化トラブルが増えていくと、多くの日本人は外国人旅行客の増加に対して後ろ向きのマインドになっていくでしょう。

とくにインバウンドビジネスに直接関係のない一般の人は、外国人観光客を「贅沢な遊び人」ととらえる傾向があるようです。遊びに来ている外国人旅行客に対応するのは面倒くさいと、邪魔者扱いする可能性もあります。こうした傾向が広まると、最悪の場合、「外国人お断り」の貼り紙が各地の店頭に出ることにもなりかねません。

今まで大勢の外国人旅行客が地域を一人で歩き回る時代を経験したことがない日本

人は、異なる文化に生まれ育った外国人旅行客に対する免疫ができておらず、拒否反応を起こしてしまうのではないか、と私は心配しています。

違いは違いとして受け入れる

外国人旅行客を迎え入れる日本人が心得るべきことの一つは、「違いは違いとして受け入れる」ということです。

富士箱根ゲストハウスでも、これまで数え切れないくらいのトラブルが発生しています。いちばん困るのは、無断キャンセルです。

日本人客ではあまりこのようなケースはないかもしれませんが、予約をしていながら当日になってキャンセルするという困った外国人観光客がときどきいます。到着予定時間を過ぎても何の連絡もないので電話してみると、「目的地が変わった」「旅先で親しくなった人の家に泊めてもらうことにした」と悪びれずに答える人もいます。当館の立場からいえば、その予約客のために他のお客さまを断って部屋をとってあるのですから、大変困ります。

館内でも文化の違いから、さまざまなトラブルが起きます。

ある日、スタッフが掃除のために、共同トイレに入ろうとしたら、汚物入れに大量の使用済みトイレットペーパーがあふれかえり、悪臭が漂っていました。中国人宿泊客のしたことだったのですが、中国では下水が完備されていないところが多いため、使用後にトイレットペーパーを流すとトイレが詰まってしまいます。そこでは、流さずにゴミ箱に入れるのが常識とされているので、その中国人は普段やっているようにトイレットペーパーを流さずに汚物入れに入れてしまったのです。

こんなこともありました。「湯沸かしポットが使えない」と宿泊客が言うので調べてみると、インスタントラーメンがポットの中に入れられており、その油でポットが使えなくなっていました。インスタントラーメンのつくり方を知らなかったことから、こんなトラブルが起こったのでした。

生徒の引率で宿泊したある外国人女性の先生は、客室にあらわれたクモを見て大騒ぎしました。その女性が住む国には毒グモが生息しているので、部屋の中にクモが入ってきたことは一大事だったのです。もちろん、「毒はないですよ」と説明しましたが、恐怖にふるえるその女性は「この部屋では寝られない」と言って譲らず、食堂のテーブルの上に布団を敷いて眠っていました。

宗教の違いが、ちょっとしたトラブルになることもあります。

クリスマスの時期に、スタッフがサンタクロースとブーツの折り紙を部屋に置いておいたところ、チェックアウト後、その折り紙がくしゃくしゃに握り潰され、ゴミ箱に捨ててあるのを発見しました。スタッフはもてなしのつもりだったのですが、その宿泊客はイスラム圏からのお客さまだったのです。

温泉でも、さまざまなトラブルが起きました。代表的なトラブルには、次のようなものがあります。

・水着を着て湯船に入る
・「温泉が熱すぎて入れない！」とフロントにクレームを言ってくる
・温度調節後に水道の蛇口を締めなかったため湯船の温泉が冷水化した
・入浴後に湯船の栓を抜いたため、他のお客さまが入れなくなった
・温泉に浸かり過ぎたため、湯あたりして動けなくなった
・シャワーしか使わなかったと言い張って入湯税を払わない人がいた

当初は、こうしたトラブルが起きるたびに英語の注意書きを館内に貼り出すようにしていました。しかし、「あれをしてはいけない」「これをしてはいけない」と注意書

きが増えれば、館内は息苦しい空間になってしまいます。

貼り紙によって館内の雰囲気も悪くなっていると感じたので、必要最低限の注意書きを貼り出すようにしました。

日本の常識と世界の常識

考えてみれば、外国人旅行客が起こすトラブルは悪意によるものではありません。とくに温泉の入り方などは日本独自のものですから、わからなくて当然です。他人と一緒に裸で入浴する習慣のない外国人が、水着を着て風呂に入る気持ちもわかります。

無断キャンセルも、日本人なら「絶対にやってはいけないこと」ですが、それが常識ではない国もあるのです。

大切なのは、「日本の常識は世界の常識とはかぎらない。世界の常識は日本の常識とはかぎらない」という認識をもつことです。

二種類の花を見て、どちらの花が好きか嫌いかは、自分で決められますが、どちらの花がキレイかどうかについては、人によって感性が異なるので決めることはできません。それと同じで、国籍や文化の違いに優劣はありません。違いを違いとして受け止めるしか方法はないのです。

当館では異文化トラブルが起こったときは「誰が正しいかではなく、何が正しいかで考える」という方針で対処するようにしています。日本人である自分たちが絶対的に正しいわけではないし、外国人旅行客が絶対的に間違っているわけでもない、というスタンスで解決策を探るのです。

たとえば、無断キャンセルをすれば、宿に対してもほかのお客さまに対しても迷惑がかかる。だから無断キャンセルは許されない。また、温泉の利用方法を守らず、湯船の栓を抜いたり湯を汚したりすれば、ほかのお客さまが温泉に入れなくなり、不快な思いをする。だから温泉利用のルールは守らなくてはならない——。

このように一つひとつの案件ごとに、何が正しいかで対処していくしか方法はないのです。

「異文化トラブル」は、文化の違いやコミュニケーションの不足に起因するものがほとんどですから、感情的にならずに、外国人一人ひとりの思考回路を理解して何が正しいかで対処することが求められます。

体験的もてなしのポイント

- 外国人旅行客を迎え入れるときの心得の一つは、「違いは違いとして受け入れる」ということです。
- 「日本の常識は世界の常識とはかぎらない。世界の常識は日本の常識とはかぎらない」という認識をもつことも必要です。
- 「異文化トラブル」は、文化の違いやコミュニケーションの不足に起因するものがほとんどですから、感情的にならずに、外国人一人ひとりの思考回路を理解して何が正しいかで対処する必要があります。

「歓迎」のメッセージを地域全体で発信する

「歓迎されていない」と感じる外国人旅行客

これから四〇〇〇万〜六〇〇〇〇万人の外国人観光客を迎えるためには、全国各地で外国人旅行客を受け入れる態勢づくりと心構えが必要になります。

首都圏からアクセスのよい箱根は、昔から外国人旅行客が訪れる観光地ですから、外国人旅行客を受け入れる態勢はそれなりに整備されているほうですが、まだまだ不十分な点があります。

実際、外国人旅行客から「私たちはこの地域に歓迎されていないのではないか」という感想を聞くことがあります。

外国人旅行客からの不満で以前から多かったのが、「両替・クレジットカード利用」についてです。かつては箱根のような山間部の金融機関では外貨から日本円への両替ができませんでした。また、当館の近隣の飲食店をはじめ、多くの地元のお店ではクレジットカードを使えるところはかぎられていました。

したがって、日本円が手元にない外国人旅行客は、満足に食事ができないという事態も起こります。社会的な地位もありお金（自国通貨）ももっている外国人旅行客が、近くのレストランがクレジットカードを受けつけないため、やむをえずコンビニおにぎりで夕食をとっていた姿を見かけたこともあります。

当館のお客さまが困っていれば見て見ぬふりはできませんから、まったく日本円をもっていなかった宿泊客に現金を貸したこともあれば、トラベラーズチェックを現金化したこともあります。

現在、一部のコンビニのＡＴＭでは、海外で発行されたクレジットカードで日本円が引き出せるようになったため、問題は少なくなりました。ＡＴＭ画面や利用明細票、音声が、英語、韓国語、中国語、ポルトガル語など多言語に対応しているため、ひと昔前に比べれば、外国人旅行者の利便性は大幅にアップしました。

こうした両替、クレジットカードの問題にかぎらず、さまざまな面で外国人旅行客の受け入れ態勢が徐々に整ってきているように感じます。

バスの乗り降りに戸惑う外国人観光客

富士箱根ゲストハウスは、「仙郷楼前」（せんきょうろうまえ）というバス停から徒歩一分の場所に位置します。したがって、バスで訪れる宿泊客には、仙郷楼前で降りるように案内しています。地元の交通機関は交通システムの整備に積極的に取り組み、以前に比べて格段に改善され、大いに助かっています。

それでも、外国からの旅行客がバスに乗って当館にたどり着くのは、そう簡単なことではありません。

仙郷楼前行きの路線バスは、小田原駅や箱根湯本駅、あるいは新宿駅（小田急箱根高速バス）などから出ていますが、途中から乗る場合は異なる行先のバスが複数走っているので、どれに乗ればいいのか迷います。

仙郷楼前のバス停には五つの路線バスが止まります。また、箱根には他社のバスも走っているので、日本人であっても初めて訪れる人は、どのバス停からどのバスに乗ればよいのかわからず迷います。

日本人でも迷うくらいですから、外国人旅行客は自分が乗るバスを探すことに苦労し、不安な気持ちでいっぱいになります。そこで、地元のバス会社は行き先表示にアルファベット記号をつけました。それによってどのバスに乗ればよいかがとてもわかりやすくなりました。しかし無事、仙郷楼前行きのバスに乗ることができたとしても苦難は続きます。「どこで降りればいいのか」という問題です。

「アナウンスを聞いていればわかるのではないか」と思うかもしれませんが、やはり聞き慣れない日本語のバス停の名前を即座に理解し、降車を判断するのは容易ではありません。

あなたが海外旅行に個人で出かけて、初めて聞く名前のバス停で降りることを想像すれば、それほど簡単ではないことは理解できるでしょう。

「仙郷楼前」で降りればいいことはわかっていても、「Senkyoro-mae」という言葉は外国人旅行客にとって馴染みがないので、たとえ車内放送で「next bus stop Senkyoro-mae」（次のバス停は仙郷楼前）と英語でアナウンスが流れても、聞き取りにくいのです。アジア圏など英語が母語ではない外国人だと、その難易度はさらにアップします。

そもそも降車ボタンを押さなければ止まらないというバスの仕組み自体を知らない外国人旅行客がほとんどなので、降りようと思ってもボタンを押すタイミングを逃して通り過ぎてしまうという事態も発生します。

また、乗降客がいないときは次々とバス停を素通りしていくので、注意深くしていないと、降車ボタンを押すタイミングを逃してしまいます。箱根湯本駅から仙郷楼前までは三五分ほど、小田原駅から仙郷楼前までは五〇分ほどかかるのですが、その間、ずっと神経を集中し続けているのはストレスがたまるものです。

日本人であっても、降りるバス停を間違えることは少なくありませんし、初めての土地の路線バスに乗れば不安な気持ちになります。このように、見知らぬ土地で路線バスを乗りこなすのは簡単なことではありません。

バス会社も外国語のパンフレットを用意したり、バス停を英語表記したり、英語で車内アナウンスしたりするなど、さまざまな改善に取り組んでいます。とくに小田急箱根高速バスは、外国人の要望を聞き入れて、日本語と英語、韓国語、中国語でアナウンスを流しています。ひと昔前よりはずいぶん親切になりました。

それでも、外国人旅行客の視点に立てば、改善の余地はまだ残されています。

たとえば、各バス停に通し番号があれば、外国人、日本人を問わず利用客の利便性が高まります。

東京の地下鉄には、それぞれの駅に路線記号と通し番号がつけられています。たとえば銀座駅の場合、銀座線は「G09」、丸の内線は「M16」、日比谷線「H08」という具合です。

箱根の「仙郷楼前」であれば、路線のアルファベット記号と通し番号がふられていれば、外国人旅行客は記号と番号で判断できるので、格段にわかりやすくなります。仕組みを変えるのにコストがかかるのであれば、最初は既製の番号シールを貼るだけで十分です。ちょっとした工夫で交通機関の利便性はアップします。

道路の案内標識についても外国語表記がかなり進んでいますが、外国人旅行客の視点で見れば、もっと必要とされる個所はあります。

欧米系の外国人にはハイキングやウォーキングを楽しむ人が多くいます。当館に宿泊する外国人も徒歩四〇～五〇分くらい離れた美術館くらいなら、「歩くから大丈夫」と言って平気で往復しています。

しかし、山のハイキングコースを歩く外国人にとっては、日本語表記しかない指導標では心細く感じます。外国人がどんなことに困っているかを正しく理解すれば、外国人に優しい外国語表記がもっと必要だと理解できるはずです。

　また、外国人旅行客からよく指摘されるのは、街中や散策路にベンチが少ないこと。とくに欧米からやってくる旅行客には、日常生活と同じように、旅先でも読書を楽しむ人が少なくありません。街や自然のなかを散策して疲れたらベンチに座って本を開く。そんな日常生活の延長で旅を楽しむ旅行客は少なくないので、日本の観光地にはもっとベンチを設置したほうが外国人旅行客に喜ばれることでしょう。

　外国人客の来訪を歓迎する気持ちがあれば、このような改善策はどんどん出てくるはずです。もちろん、全国の自治体や業界では、外国人旅行客の受入れ態勢整備をめざして懸命に取り組んでいます。

外国人旅行客のメリットを考える

　富士箱根ゲストハウスは、ＪＮＴＯ（日本政府観光局）から「外国人観光案内所」の一つに認定されており、外国人宿泊客にさまざまな箱根の情報を提供し、彼らのニーズに応えることに努めています。

　たとえば、箱根の観光情報を提供し、新宿と箱根を結ぶ「小田急箱根高速バス」の座席予約を行うほか、一般の宿泊施設では取り扱っていない「箱根フリーパス」の委託販売も行っています。

箱根フリーパスはバス会社が販売するチケットで、小田原駅で購入した場合は二日間有効で大人四〇〇〇円（三日間有効で四五〇〇円）。いろいろな乗り物が乗り降り自由、さらに五〇以上の施設が優待・割引料金で利用できます。

このように経済的で便利なチケットなので、日本人観光客はもちろん外国人旅行客にも人気がありますが、言葉の壁があることから、彼らが自ら窓口で購入するのはひと苦労です。「こんな便利なチケットがある」と紹介するだけではすまないことを知っているからこそ、私たちは委託販売を引き受けているのです。

チケット一枚四〇〇〇円は決して安くありませんから、「はい、そうですか」と言ってすぐに購入する外国人旅行客はまれです。「どの乗り物に使えるのか？」「どういうルートで行けばいいのか？」「本当にこのチケットだけで目的地に行けるのか？」「二日間有効とは、何時から何時までか？」といった質問に答えて、初めてチケットの購入を決断します。

ですから、箱根フリーパスを販売する際は、質問攻めにあうことが多く、一枚売るのに三〇分以上かかる場合もあります。外国人旅行客の多くは納得しなければ買いません。日本人が海外で同じような場面になれば、きっといろいろ質問したくなるでしょう。

箱根フリーパスを案内するホームページには、英語や中国語などの説明もあるので、それらを見れば詳細を知ることはできますが、外国人旅行客の立場になれば、それだけでは不十分です。購入する際に直接質問したいこともたくさんあるはずです。

実際、外国人旅行客のなかには納得できずに購入を諦めてしまう人もいるようです。そんな観光客が当館に来て説明を受けて、「そんなに便利なチケットだったのか」と言って、フリーパスを買う人もいます。

当館では、このように外国人のニーズを把握しているからこそ、外国人旅行客一人ひとりと向き合い、こまかな疑問に答えたうえで販売するようにしているのです。

バス会社からは委託手数料をいただいていますが、一枚のフリーパスを売るのには時間がかかります。それでも委託販売を引き受けているのは、それが彼らにとってメリットになるからです。

「歓迎します」のメッセージを発信する

外国人旅行客が何に困っているかをよく理解し、彼らの声に耳を傾けることが大切です。これをおろそかにすると、外国人旅行客たちは混乱し、ストレスを抱き、ちょっとしたきっかけで「私たちは歓迎されていない。日本人は不親切だ」という気持ちで帰国することになります。

そういう人はリピーターにならないばかりか、SNSで世界中に「日本に旅行で出かけるのはすすめない」と発信してしまう可能性があります。

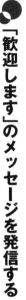

箱根のフリーパスにかぎらず、日本の観光地では少なからず同じような問題が発生し、外国人旅行客がストレスを感じている可能性があります。まずは、外国人の視点で一つひとつ改善をはかっていくこと。そして「私たちは外国人旅行客を歓迎しています」というメッセージを町ぐるみで発信することが大切です。

私たちはさまざまな機会に、地元の小学生や中学生たちに国際交流の大切さを教えてきていますが、最初に教える英語は、「Welcome to Hakone」（ウエルカム・トゥ・ハコネ）です。この言葉は、大変なお金と時間をかけてやってきてくれた外国人旅行客たちに感謝し、歓迎の気持ちを伝える第一歩となります。

地域の人が一体となって歓迎する気持ちをもち、できることから改善していけば、「私たちは歓迎されていない」という言葉を外国人旅行客から聞くことはなくなりますし、世界中からその地域をめざしてやってくるようになるのではないでしょうか。

体験的もてなしのポイント

- 外国人がどんなことに困っているかを正しく理解することに努めましょう。
- クレジットカードの使えるお店が喜ばれます。
- バス停に通し番号があれば、外国人、日本人を問わず利用客の利便性が高まります。
- 山のハイキングコースを歩く外国人にとっては、日本語表記しかない指導標では心細く感じます。外国語表記がもっと必要です。
- 観光地にはベンチを設置すると喜ばれます。
- 「私たちは外国人旅行客を歓迎しています」というメッセージを町ぐるみで発信しましょう。

「安全・安心」はもてなし以前の問題

「個人旅行客」への対応

外国人旅行客が年間四〇〇〇万人を超える時代になるということは、団体旅行客だけではなく、個人旅行客が急増することも意味します。

そうなれば、大勢の外国人が地域を独り歩きするようになります。有名な観光スポットだけでなく、日本人でもあまり訪れないようなスポットでも外国人を見かけるようになります。

外国人旅行客の増加に比例して、道に迷う、忘れ物をする、マナー違反などさまざまなトラブルや異文化摩擦が起きる可能性がありますが、同時に事件や事故、病気などが増えることも予測されます。これらは人の生死にかかわる深刻な事態になる恐れもあるため、早急に対策を打たなければなりません。

観光業界だけではなく、警察、消防、病院、学校、企業、町内会など地域に関わるあらゆる人が外国人旅行客を受け入れる覚悟をもつ必要があります。

以前、当館に宿泊した外国人旅行客が、ハイキングコースの指導標に英語表記がなかったことが原因で大きな問題になりかけたことがありました。

箱根の観光スポットの一つに駒ヶ岳という山があります。標高一三五六メートルの駒ヶ岳山頂には箱根神社の元宮があるほか、芦ノ湖や富士山を一望できる大パノラマが観光客の人気を集めています。

山頂に行くには、麓から頂上までを七分間で結ぶロープウェイに乗るのが一般的ですが、大涌谷からハイキングコースを歩いて駒ヶ岳の頂上まで行き、ロープウェイで下山するというルートもあります。

外国人旅行者には登山やハイキングを好む人が多く、当館の宿泊者にも駒ヶ岳や金時山でのハイキングを楽しむ人は少なくありません。

二月のある日、日も落ちかけた夕方五時過ぎ、富士箱根ゲストハウスの電話が鳴りました。電話に出ると、あわてふためいた様子の外国人女性の声が聞こえてきました。

前日、当館に宿泊した三〇代半ばのアメリカ人女性からの電話でした。

「すぐ助けに来てください！」

彼女の声は震えているように感じました。ただごとではない気配を感じ、私が落ち着いて状況を説明するように言うと、彼女は駒ヶ岳の頂上にあるロープウェイの駅舎から電話をかけているとのことでした。

ロープウェイの下りの最終便は一六時五〇分ですから、すでにロープウェイは止まっているはず。そう、彼女は誰もいない駒ヶ岳の山頂に一人置き去りにされてしまったのです。

アメリカ人女性客を助ける

彼女は大涌谷からハイキングコースを歩いて駒ヶ岳山頂に向かったのですが、数日前に降った雪がコース上に残っていたことに加えて、当時の指導標には日本語表記しかなかったため、コースからそれて迷ってしまったのです。何とか自力で駒ヶ岳の頂上にたどり着いたものの、すでに最終のロープウェイは行ってしまったあとだったのです。

頂上の駅舎の職員もすでに麓に帰ってしまっていたので、彼女は誰にも助けを求めることができません。すでに周囲は暗闇に包まれていたので、徒歩で下山するのも危険です。駒ヶ岳の山頂は日がかげると一気に気温が下がります。

当時は携帯電話が普及する前で、電話で助けを求めることもできません。命の危険を感じた彼女は、最終手段として、ロープウェイ駅の駅舎事務所入口のガラスを石で割って建物の中に入り、事務所の電話でSOSを発信することにしたのです。

ところが、電話をかけるにも、彼女は警察（110番）や消防（119番）の番号を知りません。困り果てた彼女は、当館に電話をかけて助けを求めてきたというわけです。

とはいえ、駒ヶ岳の山頂までの車の道はないため、迎えに行くことができません。そこで私は、彼女にそこでじっとしているように言ってから電話を切り、ロープウェイを運営する会社に電話しました。すると、すでに帰宅していた駅長がすぐに麓の駅に戻ってロープウェイを動かして救助してくれるとのこと。おかげで数時間後、アメリカ人女性は無事に救出されました。

このときは大事には至りませんでしたが、ひとつ間違えば彼女の命が危険にさらされていたかもしれません。駒ヶ岳で起きたことは箱根のハイキングコースのあり方に大きな教訓を残すことになりました。

「安心・安全」はもてなし以前の問題です。いくらおいしい料理やぬくもりあふれるサービスを提供しても、安心・安全が担保されていなければ、外国人は安心して旅を楽しむことができません。

この点に関しては、観光業界ができることはかぎられています。観光業界だけでなく、地域に関わるあらゆる人の協力が必要になります。地域の住民が外国人旅行客のニーズを理解し、相互に連携をとっていくことが求められます。

地域社会では、旧来の「縦割り」から、業界の壁を取り払ってインバウンドという横串を刺さなければなりません。「誰が正しいかではなく、何が正しいか」で地域のあり方を見直す必要があります。そのうえで、各分野の成功事例や失敗事例を持ち寄り話し合って、地域ぐるみでホスピタリティーのレベルを高める努力をしていく。それが、地域経済の発展と地域住民の幸せにつながると私は考えています。

インターネットでもてなしの質を充実させる

いまや外国人旅行客にとって、インターネットが利用できるスマートフォンやタブレットは必需品です。

外国人旅行客の多くは、来日してからスマホやタブレットで行き先の情報を検索して調べるのが当たり前の時代になっています。また、日本を旅しながらインターネットで宿の予約を入れる観光客も少なくありません。したがって、いつでもインターネットにつながるWi－Fiの環境整備は欠かせません。

観光庁が外国人観光案内所を訪問した外国人旅行者を対象にしたアンケート調査によると、外国人旅行者が旅行中に困ったこととして、「無料公衆無線LAN環境」が第一位となっています。

これについては、近年、企業や自治体などが中心になってさまざまな取組みが行われており、無料Wi－Fiサービスを使える環境が着実に整ってきています。

しかし、肝心の宿泊施設のなかにはまだ不十分なところが多くあります。まったくインターネットが使えない宿泊施設もあれば、ロビーでしか使えない施設もあります。

多くの外国人旅行客は部屋の中でゆっくりと情報収集をしたいと考えています。それなのに宿の中でWi－Fiが使えないとなったら、大きなストレスを感じることになります。無料Wi－Fiサービスがないことを理由に、その宿への宿泊を見送る人もいるくらいです。

Ｗｉ－Ｆｉサービスを導入するにはコストがかかりますが、これから外国人旅行客を本気で受け入れようと思うのであれば、ためらっている場合ではありません。すぐにでもＷｉ－Ｆｉの環境を整えるべきでしょう。

Ｗｉ－Ｆｉサービスを充実させることは、宿にとっても大きなメリットがあります。当館では、どの部屋でも無料Ｗｉ－Ｆｉを使えるようにしているので、最低限の情報は観光客が自らインターネットで調べてくれます。

インターネットが普及していなかった時代は、何でもかんでも宿のスタッフが質問に答える必要がありましたが、基本的なことは自分でインターネットを見ればすんでしまいます。その分、スタッフも時間的な余裕がもてるので、本来のもてなしに時間と手間を割くことができるようになるのです。

現在、当館に到着したお客さまには地図やレストラン、土産物店などの情報をチラシ、パンフレットで提供していますが、多くの情報を伝えようとすれば枚数が多くなりますし、伝える時間も長くかかってしまいます。この旧来のやり方には限界があります。

これからは、スマートフォンやタブレットを活用することがさらに増えていくでしょう。

外国人旅行客のための「災害時救済アプリ」

安心・安全に関する情報を外国人旅行客に提供することも大切です。

ときどき、外国人旅行客からこんな意見を聞きます。

「地震や台風などの災害が原因で公共交通機関がストップしたとき、日本語のアナウンスばかりで外国語のアナウンスが流れません。だから、何が起きているかわからず、とても不安になります」

その気持ちはよくわかります。現地の言葉を話せない日本人が海外で災害などのトラブルに巻き込まれたら、不安な気持ちに駆られるのと同じです。

二〇一六年には熊本や鳥取で大地震が発生しましたが、現地を訪れていた外国人旅行客は情報が十分に入ってこないなかで大変不安な気持ちになったのではないでしょうか。

二〇一五年には箱根でも大涌谷の火山活動が活発化した際、箱根町は観光庁ほかと密接に連携して外国人観光客向けに正しい情報発信に努めました。私が外国人旅行客におすすめしているのは、「セーフティ・ティップス（Safety Tips）」という世界初の災害時救済アプリです。

これは観光庁監修のもとに開発されたアプリで、私も観光庁から指名されて、訪日外国人旅行者への災害時における情報提供のあり方に関する検討委員会のワーキンググループ委員の一人として作成に携わりました。

アプリの作成にあたって、私は東日本大震災のときの話をしました。最悪の事態が発生したとき、外国人旅行客たちはどんな反応をし、どんな動きをしたのか。そして、どんなことに不安や不便を感じ、どんなことで困ったのか。観光現場でなければ知りえない緊迫した状況を委員会で伝えました。

このように、地震発生当時の混乱ぶりを検証したうえで作成したアプリなので、実践的な設計になっています。

具体的な機能をいえば、無料で緊急地震速報や津波警報、噴火速報などの特別警報を通知します。英語、中国語、韓国語に対応しており、外国人旅行客向けに災害時に役立つさまざまな情報を提供しています。これは外国人旅行者の安全・安心を第一に考えた世界で初めての画期的なアプリといえます。

外国人旅行客を受け入れたからには、その地域の人々は安全に母国に帰す責任があります。外国語によるコミュニケーションが苦手でも、こうしたアプリの存在を知らせることによって、外国人旅行客は安心し、心強く感じるはずです。

体験的もてなしのポイント

- 宿泊施設では、いつでもインターネットにつながるＷｉ－Ｆｉの環境整備は欠かせません。
- 外国人旅行客から、「地震や台風などの災害で公共交通機関がストップしたとき、外国語のアナウンスが流れないため、何が起きているかわからない」という声を聞きます。安心・安全に関する情報を外国人旅行客に提供する必要があります。

外国人が求めているものを知る

地域のイベントやお祭りを案内する

地域ぐるみで外国人旅行客をもてなすには、外国人旅行客がどんな観光スポットに魅力を感じるか、どんな体験をしたいと思って日本にやってきているかを理解しておかなければなりません。

第1章で外国人旅行客の多くは日本の生活文化やありのままの日本を体験したいと思っている、という話をしました。

当館のある仙石原では、昔から地域のイベントや祭りが開催されています。宿から近い仙石原諏訪神社で毎年三月に行われる「仙石原湯立《ゆだて》獅子舞」もその一つです。鈴と刀を持った獅子が舞う「釜めぐりの舞」では、獅子が大釜の湯を笹の葉でかき回し、見物客の頭上に振りかけます。湯をかけてもらうと、一年間病気をしないといわれています。

毎年一月には、正月飾りやしめ縄、書き初めなどを集めて燃やす「どんど焼き」が行われ、日暮れと同時に火がつけられます。毎年三月の「仙石原ススキ草原山焼き」は、箱根の春の訪れを告げる風物詩となっています。

こうした地元の行事はガイドブックに載るようなイベントではありませんが、宿泊した外国人に、「こんなことをやっていますよ」と案内すると、多くの人が見に行き、「すばらしいものを見た」と感激して帰ってきます。

外国人旅行客が求めているのは、ガイドブックに載っている有名なスポットばかりではありません。地域の伝統行事や祭り、日本人の心が感じられる地元ならではの行事を体験したいと思っている人は少なくないのです。

皆さんの町のなかに、外国人が喜ぶ文化体験や一般に知られていない行事がまだ眠っているかもしれません。

名所とのアクセスをよくする

当館に宿泊する外国人旅行客のなかには富士山の眺めを目当てにやってくる人が少なくありません。

箱根の芦ノ湖や大涌谷などからは、雄大な富士山の姿を眺めることができます。温泉や美術館など、箱根は観光資源が豊富な土地ではありますが、多くの外国人旅行客が富士山を見ることを楽しみに箱根にやってきています。

かつて当館の宿泊客のなかには、「天気が悪くて富士山が見えない」と言って、一週間も延泊した人もいるくらいです。それほど外国人にとって富士山は特別な存在なのですが、その熱意を実感している人は、箱根の観光業に携わる方でも意外と少ないように思います。

富士山周辺を観光してから箱根にやってくる人、反対に箱根をめぐってから富士山方面に行くという人もたくさんいます。

ところが、箱根の玄関口的な存在でもある御殿場と富士山観光の拠点である河口湖や山中湖とはアクセスがいいとはいえません。路線バスこそ走っていますが、外国人旅行客にとっては乗り換えも簡単ではないので、河口湖と箱根を行き来するのに不便を感じている人が多いようです。

河口湖駅前にある外国人観光案内所のスタッフに話をうかがったところ、「利便性がよくないため、箱根に行く外国人旅行客には路線バスをおすすめしていない」とのことでした。

箱根はこれまで東京～京都間を結ぶ新幹線を軸にして集客・誘客をはかってきました。どちらかといえば、富士五湖方面とのアクセスは、あまり考慮に入れてはいなかったのではないでしょうか。しかし、富士山が世界文化遺産に登録されたいま、河口湖や山中湖（富士五湖）と箱根のアクセスに力を入れて、富士山～箱根の連携強化をはかることが望まれています。

箱根と富士五湖との間のアクセスの利便性を高めれば、相互に行き来する観光客も増えることでしょう。現在は買えない「富士箱根パス」を河口湖駅でも買えるようにすれば、利便性がアップして箱根と富士五湖の相互送客が促進されます。

最近になって小田原駅でも「富士箱根パス」が購入できるようになるなど、観光客目線の動きが始まっていることは喜ばしいかぎりです。人気の観光地同士が外国人旅行客を相互送客するという発想に立てば、メリットは小さくありません。外国人旅行客のニーズがそこにあるのですから、積極的に検討してみる価値はあると思います。

外国人旅行客は何を目的に自分たちの地域を訪れているのか。それを正しく把握することによって、外国人旅行客に満足してもらうためのアイデアや解決策が見えてきます。

地域の魅力を知らなければ世界に発信できない

地域ぐるみで外国人旅行客をもてなすには、相手を知るだけでなく、地域の価値を知り、その情報を積極的に海外に発信していくことも大切です。

「こんな名所があります」
「ここでは、こんな絶景を見ることができます」
「この寺社にはこんな歴史があります」

ガイドブックに載っている名所だけでなく、地元の人だからこそ知っていて、なおかつ外国人旅行客に喜んでもらえそうな地元の情報を発信していく必要があります。当館の場合でいえば、第1章で紹介した地元のお寺（長安寺）がそれにあたります。

そうしたスポットを紹介されることで、外国人旅行客は「この土地に歓迎されている」という感覚をもち、結果的に「遠路はるばるこの場所に来てよかった」と感激してくれます。

しかし、残念なことに地元の方々は、自分たちが暮らす地域の魅力を知らないケースが多いように思います。観光業を生業にしている人でも、地元の観光地について説明することができないことがあります。

先日、当館に宿泊したある外国人旅行客が、梅林が名所になっている温泉地を尋ねたときのことを話してくれました。

彼は日本の伝統的な花である梅を見るのを旅の楽しみにしていたので、宿泊したホテルのスタッフに「いま、梅は咲いていますか?」と尋ねました。

するとスタッフは、一瞬困ったような顔をして、こう答えたそうです。

「うーん、たぶん咲いていると思うんですけど……。ごめんなさい。行ってみないとわかりません」

このとき、彼は衝撃を受けたそうです。「地元の自慢であるはずの梅の開花状況について関心がないなんて、どうかしている。もしかして、私が楽しみにしている梅は、地元の人にも振り向かれないようなたいしたことのない花なのだろうか……」と。

ところが、実際に梅林を訪れると、すでに満開に近い状態で、可憐な梅の花に魅了されたといいます。

こうしたことは決して珍しいことではありません。全国各地の観光地で似たようなことが起きています。遠い日本までやってくる外国人旅行客は、日本の歴史や文化について強い関心をもっていて、チャンスがあれば、日本人に次のような疑問をぶつけてみたいと思っています。

「ここはどんな歴史のある土地なのか?」

「桜は、日本人にとってどんな存在なのか?」

「神社とお寺は何が違うのか? 日本人はどちらを信じているのか?」

そんな日本人でも答えることがむずかしいような疑問を抱いている人が多いのです。

私やスタッフも、この手の質問をよく受けますが、いつも十分な回答ができなくて悔しい思いをしています。もっとうまく答えられるように、日本の文化や歴史について学び直したいと思っています。

地元の歴史や文化について勉強し直す

たとえば、私たち日本人にとって身近な存在である温泉についても、知らないことがたくさんあります。

富士箱根ゲストハウスでは、内湯と露天風呂に大涌谷から温泉を引き湯しています。

大涌谷の火山活動が活発になったときは、温泉が湧き出す源泉地帯が立ち入り禁止になり、一時期湯の量も減りましたが、枯れることなく当館の湯船を満たし続けてくれました。

大涌谷温泉は、温泉らしい硫黄が香る白濁色の湯が特徴です。温泉情緒を感じさせる湯は、日本人はもちろんのこと、外国人旅行客にも好評です。最近は「温泉が楽しみで日本に来た」という外国人も多く、とくに露天風呂は人気があります。

そんな当館の自慢でもある温泉についても、外国人旅行客からはさまざまな質問が投げかけられます。

「どうしてこの温泉は白く濁っているのか？」

「どこからどんな状態で湧き出しているのか？」

「この温泉に入るとどんな効果があるのか？」

簡単に答えられる質問もあれば、英語で説明しづらい質問や、そもそも自分が知識を持ち合わせていないために答えられない質問もあります。

なかには、こんなことを言うアメリカ人もいました。

「箱根の源泉は日本三大温泉の一つで、世界的にも希少な温泉だ」

箱根の温泉が、世界的に有名だとは知らず、「日本三大温泉」と高く評価されていることを初めて認識しました。

「温泉に関する質問に、いつも満足に答えられない」「もっと自分たちの温泉のことをよく知っておくべきではないか」という問題意識をもった私たちは、大涌谷温泉について学ぶことにしました。

地元について英語で説明できるようにしておく

二〇一一年一二月に、当館に地元の有志を集め、公益財団法人渋沢栄一記念財団の渋沢雅英理事長と、箱根温泉供給株式会社の辻内和七郎会長を講師にお招きして「渋沢栄一と仙石原。なぜ今、渋沢栄一なのか」という題で、講演会を開催しました。そのなかでこんな話がありました。

大涌谷周辺の土地は、かつては宮内省（当時）が所有していましたが、一九二八年、民間への払い下げを決めました。このとき土地の買い取りに手を挙げたのが、当時仙石原に土地を所有していた、日本の近代資本主義の父と呼ばれる渋沢栄一です。

渋沢栄一は、当時、次のような談話を発表しています。

「大涌谷開放の内議を漏れ承り欣快に絶えません。しかし、今度のことは、仙石原のみを目的とするものではありませんので、私らの関係していた土地は何らの影響を受けないかも知れません。私は、自分の関係がある土地にたとえ一滴の温泉が来なくとも、地方一般の利益を増進し得ることであるならば真に結構であると喜んでおります」（渋沢栄一伝記資料より）。

この談話から、大涌谷温泉の生みの親である渋沢栄一には気高い公徳心があったことがうかがえます。仙石原一帯（奥箱根）の観光開発は、渋沢栄一が礎を築いたといっても過言ではないのです。

そのほかにも、これまで当たり前のように使ってきた大涌谷温泉について、さまざまな事実を知ることになりました。

私自身も大変勉強になりましたが、講演会に参加した地元の人たちもまた、「大涌谷温泉の由来をこれまで知らなかった。学ぶことができてよかった」と感想を述べ合っていました。この講演会がきっかけとなり、私はあらためて地元のことをもっと知る必要があることを痛感しました。

いまでは、外国人旅行客の質問にも自信をもって答えられるようになり、「大涌谷温泉にはそうした歴史があり、当館のような低廉な宿が、大涌谷温泉の権利を所有してお客さまに提供できるのは大変幸運なことなのだ」ということを自分の言葉で伝えられるようにもなりました。

答えにくいむずかしい質問をしてくる外国人旅行客も、完璧な答えを求めているわけではありません。一生懸命自分の言葉で伝えようと努力すれば、その気持ちは伝わり、納得してくれるものです。

ただし、まったく知識がなければ、答えようがありません。「ごめんなさい。わかりません」ではがっかりされるでしょう。とくに、観光業界の人たちは、日本の歴史や文化など外国人が興味をもちそうなトピックについては十分な知識を身につける必要があります。

少なくとも地元の観光資源については、知識と理解をもち、英語で説明する準備をする必要があります。ガイドブックやパンフレットを読み直すだけでも、「えっ、そうだったのか。知らなかった」ということがわかってくると思います。

体験的もてなしのポイント

- 町のなかに、外国人が喜ぶ文化体験や行事がまだ眠っているかもしれません。ガイドブックに載っている名所だけでなく、地元の人だからこそ知っていて、なおかつ外国人旅行客に喜んでもらえそうな地元の情報を発信していく必要があります。
- 地元の方々は、自分たちが暮らす地域のことを意外と知りません。とくに、観光業界の人たちは、日本の歴史や文化など外国人が興味をもちそうなトピックについてはあらためて勉強する必要があります。
- むずかしい質問をしてくる外国人旅行客も、完璧な答えを求めているわけではありません。一生懸命自分の言葉で伝えようと努力すれば、その気持ちが伝わり納得してくれます。

第4章

「もてなし」を通じた国際交流

「出会い」と「ふれ合い」を楽しむ

二〇畳のラウンジは国際交流の舞台

富士箱根ゲストハウスには、「国際交流ラウンジ」と呼んでいる二〇畳ほどの共用スペースがあります。

ソファとテーブルを置き、壁際には書道作品や五月人形、羽子板などを飾って、日本文化にふれられるようになっています。随所に和の要素をちりばめているので、宿泊客は日本のどこにでもある家庭の居間の雰囲気を体験することができます。

このスペースには宿泊客は誰でも自由に出入りできます。リラックスした雰囲気のなかで宿泊者同士がコミュニケーションを楽しめる場で、夜には一人、二人と宿泊客が自然と集まってきます。同じ旅人同士、心の通じ合うところがあるのでしょう。

「お国はどちらですか?」「日本にはどんな目的で来たのですか?」「どこを観光してきたのですか?」といった定番の話題から会話がスタートすると、たちまち会話が弾んでいきます。共通語は英語ですが、国籍も宗教も文化も違う旅行客同士で会話に花が咲くこともめずらしい光景ではありません。

なかには、ラウンジで仲よくなって、翌日から一緒に観光地をまわる人、帰国後にお互いの自宅を訪問する人さえいます。

もちろん、日本人旅行客と外国人旅行客との交流もあります。日本人が外国人に折り紙や日本語を教える光景もしばしば見られます。

ラウンジにはギターやピアノなどの楽器も置いてあるので、宿泊客が演奏を始めることも日常茶飯事。音楽は世界共通なので、初対面の旅人同士が音楽を通じて心を通わせるというのも、よく見られるシーンです。

ときにはギターとピアノのセッションが始まることもあります。

国際的に活躍しているマレーシア人ピアニストは、仕事で東京に演奏に来るたびに当館に宿泊してくれるのですが、いつもラウンジにあるピアノですばらしい演奏を披露してくれます。

彼がビートルズのナンバーをピアノで奏で、それに合わせて私がギターを弾くと、ビートルズの曲はどの国の人でも知っているので、ラウンジに居合わせた外国人宿泊客たちが次々と歌い出し、大合唱が始まって夜中まで盛り上がったこともありました。宿泊客同士で意気投合して夜中まで語り合う人もいれば、私や妻、スタッフと打ち解けて夜遅くまで会話に熱中する人もいます。

私は「友人として迎える」をモットーに、可能なかぎりラウンジに顔を出して、外国人旅行客とふれ合うことを楽しみにしていますが、ときには会話が弾んで一緒にお酒を酌み交わすこともあります。

外国人旅行客のなかには、旅先での交流を旅のいちばんの目的としている人が少なくありません。一般的な日本の宿泊施設では、お客さま同士、お客さまとスタッフが交流することはめったにありません。そういう点では、人と人との距離が近くなる当館の小さなラウンジは、外国人旅行客にとってうってつけなのかもしれません。

このような場では、外国人旅行客は日本を旅して感じた疑問を率直に私たちにぶつけてきます。質問攻めにあって、回答に四苦八苦することもありますが、こういう体験をとおして、外国人旅行客の本音やニーズを知ることができるのです。

そういう意味では、当館は単にお客さまを泊める「宿泊施設」ではなく、「国際交流の舞台」です。こうした人間交流こそが、忘れがたい旅の思い出となり、これから

ギターの伴奏でビートルズを歌う

書道を体験する外国人客

日本人が外国人旅行客をもてなすうえでのキーワードになると考えています。

インバウンドというと、「いかに外国人旅行客にお金を落としてもらうか」というビジネスの面で語られることが多いのですが、経済の視点だけでとらえていると、買い物客しか満足させることはできません。

国際交流の一環として対等な友人として向き合うようにしていけば、外国人旅行客に「日本に来てよかった」と満足してもらえます。

なぜ「国際交流」なのか？

繰り返し述べてきたように、富士箱根ゲストハウスは、「友人として迎え、相手の人格を尊重してお世話すること」をモットーに、外国人旅行客との草の根の国際交流に努めてきました。

外国で暮らしたことも留学したこともない私が、外国人との交流を説く理由は、これまでの私の経歴と関係があります。

私は大学卒業後、箱根町役場での仕事を経て、財団法人ＭＲＡハウス（当時）が主催するＭＲＡアジアセンターのLanguage Institute of Japan（ＬＩＯＪ／日本外語教育研究所）に転職し、二七歳から三三歳まで事務局長を務めました。

ＬＩＯＪは、おもに海外勤務を控えている企業人向けに英語特訓教育を施す機関で、アメリカ人やイギリス人、オーストラリア人など語学教育の専門的訓練を受けた外国人や弁護士・会計士などの資格をもつ外国人が講師を担当し、高度な語学教育が行われていました。当時は海外に進出する企業が急増した時代で、次々と企業から優秀な人材がＬＩＯＪへ送り込まれ、私はその事務局長として、五〇〇〇人を超えるビジネスパーソンのお世話をしました。

この仕事を通じて、私は貴重な経験をしました。そこでは教える側の外国人講師も学ぶ側のビジネスパーソンも対等な立場で学び合い、外国人講師たちにとって、ＬＩＯＪは英語を教える場であると同時に学びの場でもあったのです。

四週間泊まり込みの集中特訓講座のなかで、外国人講師たちはビジネスパーソンたちと共同生活し、相互理解を深めながら日本の社会や企業、風土、日本人について学ぶ機会を得ていました。

それは私にとっても同じでした。私はこの職場で日本にいながら国際感覚を学んだのです。富士箱根ゲストハウスで国際交流を大切にしているのも、「出会い、ふれ合い、学び合い」を経営理念にしているのも、このＬＩＯＪの体験がもとになっています。

ＬＩＯＪでは、ほかにも現在につながる経験がありました。

一つは、外国人講師と一緒に仕事をしていくなかで異文化コミュニケーションの大切さを学んだこと。言葉や文化が異なる外国人とつき合っていくうえでの心構えや秘訣を知ることになりました。また、「世界のなかの日本」という視点から日本人のあり方を考える姿勢も身につけることができました。

もう一つは、実践的なコミュニケーションの道具として英語を身につける大切さを知ったこと。五〇〇〇人を超えるビジネスパーソンのお世話をするなかで、英語は暗記すればいいというものではなく、世界の人々とコミュニケーションするための手段であることを学びました。これは私にとって大きな収穫であり、現在のゲストハウス経営にも活かされている考え方です。

ＬＩＯＪ勤務ののち、私はクロスカルチャー事業団に転職しました。ここでは、外国人に日本語を教える日本語学校や、海外の大学に留学する若者を支援する留学予備校「ＴＯＥＦＬゼミナール」の事務局長、英文月刊誌「Tokyo Journal」の発行人代理など、日本や日本人が国際社会のなかで正しく理解され、正当に評価されるにはどうすればいいかというテーマで仕事をしました。

クロスカルチャー事業団の外国人スタッフとふれ合い、世界のなかの日本の役割を考えるという経験は、その後の私の人生の布石となりました。

そうした経験をした末に行き着いたのが、私流の国際交流の舞台となる富士箱根ゲストハウスだったのです。

当館の国際交流ラウンジは、一見、民家のリビングルームに見えるかもしれません。しかし、そこは国籍を超えて世界の旅人が出会い、ふれ合い、学び合う国際交流の場なのです。各国の外国人旅行客が語り合うラウンジは、ちょっとした「国際サミット」の場でもあるのです。

「出会い、ふれ合い、学び合い」がもてなしになる

国際交流ラウンジは、初対面の宿泊客同士が語り合う場であり、私たち家族やスタッフや地元の人たちが外国人旅行客と交流する場でもあります。

宿泊客は他の宿泊客との国籍を超えたコミュニケーションを通して、異なる文化や価値観にふれ、世界にはさまざまな考え方の人がいることを実感させられます。否が

応でも自分のアイデンティティーと向き合う場となります。

それと同時に、国や文化は違っても同じ人間同士ですから、心が通じ合うことはたくさんあります。心が通えば、お酒を酌み交わしたり、一緒に歌をうたったりすることもできます。そうした心のふれ合いは、宿泊客の大切な思い出となり、それぞれの人生を豊かにすることにつながります。

そして、異なる国の人々との「出会い」「ふれ合い」は、お互いの「学び合い」につながります。

異なる国の文化や考え方を知ることは「学び」になります。外国人旅行客の旅の目的は、日本の観光名所をめぐることも一つですが、彼らは日本の文化や価値観にふれ、それを学びたいと思っています。個人旅行で来日する外国人旅行客の多くは、観光ルートに沿って神社仏閣を見て、おいしい料理を食べるだけで満足する人は少ないように見受けられます。だからこそ、当館に宿泊する外国人旅行客は、当館の和の空間での体験をとおして、日本文化についてさまざまな角度から質問を私たちにぶつけてくるのです。

なかには、「旅をすることは学校の授業よりも社会勉強になる」という信念から、

剣道形に見入る外国人客

インターンの大学生が折り紙を教える

子どもを一年間休学させて、家族で世界一周旅行をしている外国人と出会ったこともあります。

そのため、当館は外国人旅行客に学びの場を提供することに努めています。具体的にいえば、異文化体験をしてもらうのです。

たとえば、ラウンジでスタッフが折り紙の折り方を教える。あるときは、茶道や華道をたしなむ日本人を招待して、実際にラウンジで点茶や生け花を披露して体験してもらうこともあります。

見るのとやるのとでは大違いです。外国人旅行客にとっては、貴重な体験となると同時に、日本という国を知るきっかけにもなります。

ときには、剣道や空手の有段者にラウンジで演技を見せてもらうこともあります。剣道の試合に参加するために来日していたイギリス人女性を地元の中学校の剣道部に案内して、一緒に練習してもらったこともあります。

最近では、箱根美術館の学芸員が当館のラウンジで、外国人宿泊客に向けてプレゼンテーションを行いました。美術館の収蔵品や日本庭園の写真をスライドで見せながら英語で説明するのです。とくに欧米系の旅行客は日本の美術や文化に対する関心が

琴の演奏を披露する地元の元小学校教諭

和服の着付け体験を楽しむ外国人客たち

高く、興味深く聞き、プレゼン後には次々に質問が飛び交います。

富士箱根ゲストハウスでは、こうしたさまざまな学びの機会を提供し、参加したお客さまは「日本でこのような体験をしたかったんだ！」と喜んでくれます。

地元の中学校とシンガポールの中学校との交流

ラウンジでの交流経験から、私は外国人旅行客のなかには、「出会い、ふれ合い、学び合い」を体験したい人が数多くいることを実感しています。

たとえば、教育旅行（スタディーツアー）で来日する外国の学校の多くは、日本の学校を訪問して日本の生徒たちと交流したがっています。当館にも教育目的で来日する生徒たちが宿泊していきますが、引率している先生の多くは、そのような希望をもっています。

実際に、私は一五年ほど前、箱根中学校とシンガポールの中学校との学校間交流の仲立ちをしたことがあります。

授業参観をして給食を一緒に食べ、体育館で音楽交流や箱根の伝統工芸である寄木細工のコースターを一緒につくって楽しいひとときを過ごしました。当時の校長の理

地元の中学校とシンガポールの中学校との学校間交流

シンガポールの中学生と一緒に教室で給食を食べる

解と先生方の協力があったからこそ実現した学校間交流でした。

スタディーツアーは、外国の学校が自費で来日し、日本国内の旅行費用もすべて自己負担なので、日本の学校に金銭的な負担はかかりません。特別なことをする必要はなく、通常の授業を見せて、できれば一緒に給食を食べることができれば、双方の子どもたちにとって貴重な体験となるはずです。

ところが、現実はそう簡単ではありません。引率の先生たちは受け入れてくれる学校を見つけることができず、困っているというのが現状です。

また、日本の学校の立場になれば、学習指導要領に沿ったカリキュラムに従って授業時間を消化する必要がありますから、時間をとられる受け入れはむずかしいという現実もあります。しかし、学校訪問をしたいという外国の学校の希望を、学校の関係者は知っておく必要があると思います。

外国の学校と学校間交流を行うことは、子どもたちに大きな学びを与える絶好のチャンスです。日本の生徒にとって、海外の同年代の生徒を受け入れて交流することは、国際性を身につけるだけでなく、外国語を学ぶ本当の意味を理解することにつながります。

体験的もてなしのポイント

- ●外国人旅行客のなかには、旅先での交流を旅のいちばんの目的としている人が少なくありません。宿泊施設に、お客さま同士、お客さまとスタッフが交流する場があれば喜ばれます。
- ●富士箱根ゲストハウスのラウンジでは、点茶や生け花を披露し、それを体験してもらう機会を設けています。
- ●外国の学校と地域の学校との交流を行うことは、子どもたちに大きな学びを与える絶好のチャンスになります。

宿泊客との交流が生んだ感動体験

自分が旅行客となって海外で宿泊客と再会を果たす

「出会い、ふれ合い、学び合い」を体験できるのは、宿泊者だけではありません。実は、最もその恩恵を受けているのは、私たち家族とスタッフたちです。

私たちは外国人旅行客を友人として迎え、もてなしの心で接するように努めていますから、そこには自然と交流が生まれ、私たち自身も「出会い、ふれ合い、学び合い」を体験することになります。

心を開いてコミュニケーションをしているうちに宿泊客と仲よくなることは日常茶飯事ですし、帰国後もSNSで連絡を取り合うようになった友人が世界各地にいます。いくつかエピソードを紹介しましょう。

先にマレーシアのピアニストとビートルズの曲でセッションをしたというエピソードをご紹介しましたが、それをきっかけに当館の女性スタッフはそのピアニストと連絡を取り合うようになりました。そうしているうちに仲よくなり、そのスタッフがマレーシアに遊びに行くことになったときには、ピアニスト夫妻の家にホームステイさせてもらい、現地の観光案内をしてもらったり、食事をご馳走になったりするなど手厚いもてなしを受けたのです。

私自身もこんな経験をしています。

イタリアのミラノに妻と娘の三人で旅行に行く一カ月前、当館にたまたま泊まったイタリア人夫妻はミラノからやってきたとのことで、ミラノの観光スポットや文化について質問していると、夫妻のほうから「ミラノで再会しましょう！」と言われました。一カ月後、本当にミラノで再会し、二人は私たちを自宅に招き、ミラノの見どころを案内し、ミラノでいちばんおいしい店といわれているピザ店に連れて行ってくれました。

こんなこともありました。

私が二〇〇五年一二月に「第七回欧州ツーリズムサミット」のゲストスピーカーとして招かれ、フランス東部のシャモニーという町で講演することになったときのことです。

日本人で招かれたのは私一人だったので、現地に向かうには一人で移動しなければならず、アクセスのしかたもわからずに困っていたところ、サミットの一カ月前にヨーロッパから瞑想を目的とするツアーのグループが当館に宿泊しました。

私はシャモニーまでのアクセス方法を教えてもらおうと、「グループのなかにフランス人はいませんか？」と尋ねると、「スイス人の夫婦ならいる。彼らが住んでいるジュネーブとシャモニーは距離が近いからその夫婦に聞けばわかるだろう」と言って、その夫婦を紹介されました。

放射線技師をしているという夫に話を聞くと、「シャモニーはパリ空港からでは遠い。ジュネーブ空港で飛行機を降りてバスに乗って行くのが早い。帰国したらジュネーブ空港発のバスの時刻を調べてお知らせしましょう」と約束してくれました。

後日、約束どおりメールが届き、「私がジュネーブ空港から車でシャモニーのホテルまで送ってあげましょう。サミットが終わったら、またホテルに迎えに行くので、その日はわが家に泊まりなさい。翌日、空港まで車で送りますよ」と言ってくれたのです。

私はその夫妻のおかげで箱根とシャモニーの往復がたいへんスムーズになったと同時に、友人として自宅にまで泊めていただいたのです。私は感謝してもしきれないほど、夫妻のもてなしの心に感銘を受けました。

お客さまとともに宿をつくる

さらに、こんな経験もあります。

私たち夫妻には息子と娘が一人ずついるのですが、二人がまだ子どもの頃の話です。ニューヨークにあるバイオリンスクールの先生と生徒、計二六人が当館に宿泊したときのことでした。

当時、わが家の子どもたちもバイオリンを習っていたので、彼らの早朝練習に参加させてもらいました。それは子どもたちにとってとても楽しい思い出になったようでした。

その数カ月後、ＪＮＴＯ（日本政府観光局）のニューヨーク宣伝事務所を家族で訪ねることになった際、娘が「ニューヨークにはバイオリンの先生がいる。先生に会いたい」と言い出しました。そして、先生と連絡をとり合いニューヨークで再会し、先生の自宅を訪問することになりました。

当日、先生の自宅の玄関ドアを開けると、数カ月前に当館に泊まった子どもたちと、その親たちがバイオリンを演奏して出迎えてくれたのです。思ってもみない形で歓迎を受けて私たち家族は大感激したばかりか、私たちのために用意されたパーティーで食事やケーキまでご馳走になってしまいました。あの日の出来事は、いまも私たち家族にとって、忘れられない大切な思い出となっています。

あるホテルの支配人がリピーターの多い当館の様子を見て、フェイスブックに次のようなコメントを書いてくれました。

「これこそが宿泊業の醍醐味ですよね。お客さまとともにホテルをつくっている。最高ですね。心の通い合いが伝わってきます。多くのホテルがいつしか忘れてしまった大切なものを、世に発信し続けてください！」

当館でこうした感動体験が日常的に起きるのは、これまで外国人旅行客を友人として迎え、もてなしの心で接してきたことによるものだと私たちは考えています。

外国人旅行客から学び、成長する

外国人旅行客との交流をとおして、さまざまなことを学ぶことができます。

国が違えば文化や価値観が違うこと、一人ひとりが個性をもった人間であることに気づかされることもあれば、日本人の優れている点や足りない点など、自分たちのあり方について考えさせられる機会も数多くありました。

当館に宿泊する外国人のなかには、「私たちを受け入れてくれてありがとう」と感謝の気持ちを述べてくれる人が少なくありません。また、「日本人は優しいから大好き」「日本に来られて本当によかった」などと日本のことを褒めてくれる人もたくさんいます。

日本人は心のなかで思っていても、あえてそれを言葉に出さないことがありますが、外国人は素直な気持ちを言葉に出して伝えてくれます。日本の文化とは異なるかもしれませんが、実際に外国人たちと日々接していると、「私たち日本人も、もっと自分の気持ちを素直に伝えられたらいいのに」と考えさせられました。

当館にやってくる外国人旅行客からは、家族のあり方を考えさせられたことも少なくありません。

私たちが宿を始めた当初驚かされたのは、家族でやってくる欧米人の多くは、父親が大きな荷物を持つばかりでなく、小さな子どもを抱っこしていたことです。そして、チェックインの際、宿泊名簿に記入し、手続きをするのは母親というパターンも少なくありませんでした。宿選びなどの旅行プランは女性が主導権を握っていて、男性はそれをサポートする。それが欧米では当たり前の旅のスタイルだったのです。

数十年前の日本の常識とはまったく逆でした。小さな子どもを抱っこするのは母親の役割でしたし、旅行プランの計画やチェックインの手続きは男性が担うのが一般的でした。現在は時代も変わり、そのような役割分担はなくなりつつありますが、当時は日本と欧米とでは家族に対する考え方に違いがあることを認識させられ、「私たち家族はどうあるべきか」を考えさせられた覚えがあります。

外国人旅行客の目で、客観的に日本の生活や文化、価値観をとらえてみると、日本の長所が浮き彫りになって見えてくることがあります。一方で、外国人旅行客と接していると、日本の短所といえる部分も見えてきます。

たとえば、子どもの教育の違いもその一つです。当館には、外交官や政府関係者、アーティストなど第一線で活躍する外国人旅行客も数多く泊まりますが、彼らを観察していると、子どもへの接し方が日本人のそれとは異なっています。

ある外国人旅行客の五歳くらいの男の子が当館の廊下を走るたびに、親は間髪を入れずに「Ｓｔｏｐ！」と注意していました。そして、子どもの「Ｗｈｙ？」の問いかけに対して、その親は、なぜ廊下を走ってはいけないのかを、子ども自身に考えさせていました。

そういう育てられ方をしているからでしょうか、その男の子は一人でフロントにやってきて大人顔負けの質問をしました。

日本では、自分の子どもが廊下を走ったときに、すかさず制止する親はまれではないでしょうか。たとえ廊下を走る子どもを叱っても、一方的に「ダメ！　静かにしなさい！」と言うだけで、なぜダメなのかを子ども自身に考えさせることはしないと思います。また、五歳の子どもがフロントで質問をすることはまずないでしょう。

かつて外国人旅行客の子ども二人を地元の小学校に連れて行って交流させたことがありました。

その際に、子どもたちが富士山の絵を描くことになったのですが、一人の外国人の子どもから「この画用紙では富士山は描けません。紙を二枚ほしい」と言われました。富士山は大きいのでこの紙では描けないというわけです。日本人の子どもであれば、一枚の紙に収まるように描くところですが、外国人の子どもは発想が違うなと感じました。こうした違いも、子どもの頃の教育のしかたで変わってくるのでしょう。

地元の小学校を訪問し生徒たちとふれ合うアメリカ人夫妻

マレーシア人客とふれ合う地元の小学生たち（当館ラウンジにて）

もちろん、日本の教育が間違っていて、外国の教育が正しいと言うつもりはありません。日本の教育にもいいところはたくさんあります。それでも、私たちは外国人の教育のほうが、本来のあるべき姿のように感じられたのは事実です。それ以降、私たち夫婦は、外国人から学んだよいと思うことを自分の子どもたちの教育に取り入れるようにしてきました。

こんなこともありました。昔、韓国人の親子三世代のファミリーが宿泊したとき、その子どもや孫たちが、いちばんの年長者であるおじいさんを敬っていることが、はたから見ていてもわかりました。

儒教の影響かもしれませんが、子どもや孫がセルフサービスのお茶を持っていき、まず先におじいさんに飲んでもらう、おじいさんのいる前ではタバコを吸わないなど、至るところで目上の人を立てていたのです。日本人が忘れかけている「目上の者を立てる」という礼儀のすばらしさを韓国人のファミリーからあらためて学び、ハッとしたこともあります。

私たち夫婦だけではなく、息子と娘も外国人旅行客との交流から、たくさんのことを学んだようです。

長女はピアノや習字を習い、長男は剣道を習っていたので、彼らはそれらを活用して外国人との交流を楽しむようになっていきました。

こうした生きた国際交流を通じて子どもたちはさまざまな価値観や考え方を学び、「出会い、ふれ合い、学び合い」を肌で感じて育ったことが、いま彼らの人生に役立っているものと思います。

当館で働くスタッフも、外国人旅行客からたくさんのことを学んでいます。当館で働けば、生きた英会話が身につきますし、自己啓発や自己実現にもつながっているはずです。

このように私たちは外国人旅行客からたくさんの学びを得て、人間として成長し、生きがい、やりがい、働きがいを感じています。

ともに学び合う

一方で、外国人旅行客も当館での交流を通じて、文化や考え方の違いを知り、多くのことを学んで母国に帰っていると、私たちは信じています。そうした体験が、リピーターや好意的な口コミとなって、世界各国から外国人旅行客が、当館を訪ねてくるのだと思っています。

繰り返しになりますが、私がゲストハウス経営の中心にすえているのは、国際交流を通じた「出会い、ふれ合い、学び合い」です。先に経済が来るのではなく、先に国際交流なのです。「出会い、ふれ合い、学び合い」の精神でもてなすことによって、お金はあとからついてくるという考え方を実践しているのです。

さらにいえば、こうした経験を重ねることによって、外国人旅行客との心の交流を行って人間的に成長できるなど、お金を得る以上に大切なものが返ってきます。

インバウンドの受け止め方を「出会い、ふれ合い、学び合いの場である」と発想を変えるだけで、外国人旅行客への対応は変わってきますし、それに応えるように外国人旅行客の反応も喜びや満足を含んだものに変わっていくということを私たちは実感しています。

地元の小学生がつくった「外国人向け英語マップ」

外国人旅行者との交流は、これからの日本を背負っていく子どもたちにとっても価値のある体験です。

以前、私は地元の子どもたちと一緒に「外国人向けの英語マップ」をつくった経験があります。そのことをお話しします。

二〇〇三年に、「観光立国懇談会」の座長を務めた木村尚三郎東大名誉教授が、当時の小泉純一郎首相に提出した報告書には、「住んでよし、訪れてよしの国づくり」という国の理想像が描かれていました。

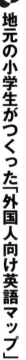

その提言は、観光業界の支援策といった狭い範囲のものではなく、日本を世界に開かれた国にするために外国人客の誘致をはかるのだという理念を高らかに謳いあげた内容であったと記憶しています。私はその理念に感銘を受け、「国づくりは人づくり」の必要性を痛感し、子どもたちの将来を考え、国際観光教育（総合的学習の時間）にさらに力を入れるようになりました。

当時私が取り組んでいたのは、かつて娘の担任だった箱根小学校の鈴木恒美先生と連携し、当館に小学校三、四年の生徒たちを招いて私の体験を聞かせることでした。

生徒たちに対して私は、「外国人旅行客が数ある観光地のなかから、なぜ箱根を選んで訪れるのか？」という観点から話をしました。箱根がすばらしく、魅力的な土地だと見られているからだと伝えると、子どもたちは目を輝かせて話に聞き入りました。箱根に生まれ育ってきたことに対して自信と誇りを感じているように感じました。

次に、私は外国人観光客が何に困っているかについて話しました。バスの乗り降りや両替で困っていること、道路案内表記がわかりにくいことなどを例として挙げると、子どもたちから「僕たちにできることをしてあげたい。何をすればよいですか？」という声があがりました。

そうしたやりとりを経て取り組むことになったのが、「外国人向けの英語マップ」の作成でした。

子どもたちの活動が大人の意識と行動を変えた

当時、箱根ではまだ英語表記の地図も十分なものはなく、自治体が作成した地図には観光情報しか載っていませんでした。

外国人にとっては、食堂・レストラン、郵便局、金融機関、外国郵便用の切手を売っている場所、国際通話のできる公衆電話の場所などの生活情報がまったく不足していましたので、私は「生活情報を載せた英語の地図をつくれば喜ばれるよ」と子どもたちに助言したのです。

こうして、鈴木恒美先生の指導の下、二年間に及ぶプロジェクトがスタートし、まだ学校で英語を学んでいない三、四年生が英語の地図の作成にチャレンジしたのです。子どもたちは、食堂・レストラン、郵便局、金融機関、郵便局、公衆電話の場所などを載せたマップをつくるチームを組みました。

完成したマップは、箱根の観光名所である杉並木のところで外国人が通るのを待ち構えて手渡しました。最初は恐る恐るでしたが、地図を受け取った外国人旅行客たちは大喜びで、その喜ぶ顔を見て、子どもたちは徐々に自信をつけていきました。

外国人旅行客のなかには感激して、帰国後、校長宛に礼状を送ってきた人もいました。礼状には、子どもたちの取り組みを絶賛する言葉が綴られていました。

子どもたちの様子を見ていた大人たちは、自分の店にも地図を置いて外国人観光客に渡すようになりました。子どもたちの活動が大人の意識と行動を変えたのです。そ

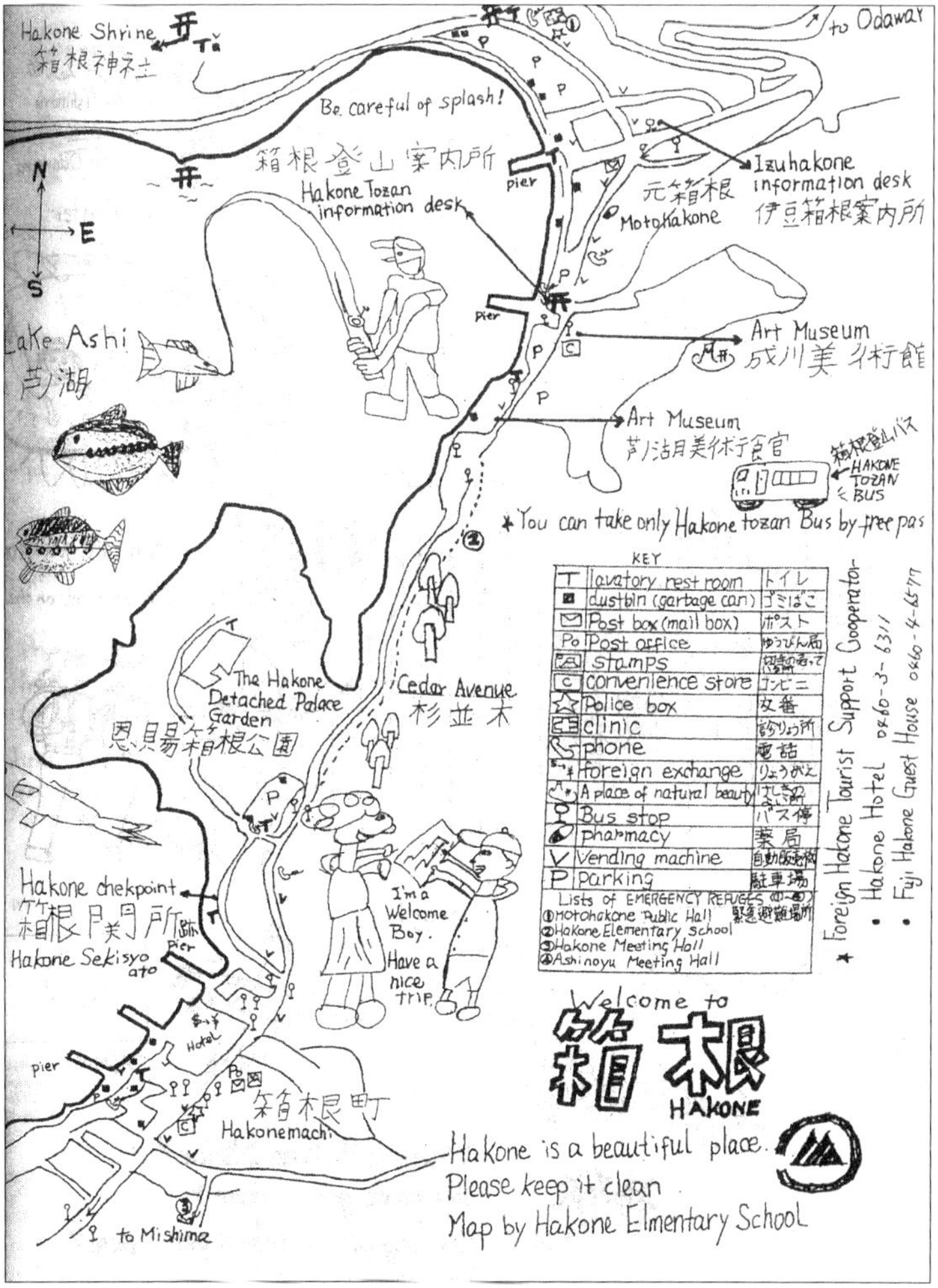

地元の小学生たちが作成した「外国人旅行客向け英語マップ」

外国人旅行者に英語の地図を渡す小学生たち

地元の小学校に出向いて国際理解教育の授業を行う筆者

れを知った箱根町長は子どもたちを善行表彰しました。

子どもたちの取り組みは、当初教育効果をめざすものでしたが、最終的に地域づくりによい影響を与えることになったのです。

子どもたちの活動に影響された地域の大人たちが、「われわれも、外国人観光客の受け入れに力を入れようではないか」と声をあげ始めたのです。そして、外国人旅行者の姿を見かけると、大人たちも子どもたちがつくった「外国人向けの英語マップ」を手渡すようになりました。子どもたちの活動が住民の意識を変えたのです。

四〇〇〇万人の外国人旅行者が押し寄せようとしているいま、文部科学省は国際観光教育の時間を設けて、観光先進国を担う人材を育成する必要があると感じています。箱根の小学生と地域の人たちが体験したことは、これからの人づくり・町づくりを考えるうえで、とてもよい参考事例になるのではないでしょうか。

体験的もてなしのポイント

●インバウンドの受け止め方を「出会い、ふれ合い、学び合いの場である」と発想を変えるだけで、外国人旅行者への対応は変わってきます。
●富士箱根ゲストハウスでは、「出会い、ふれ合い、学び合い」の体験が、リピーターや好意的な口コミとなって、世界各国から外国人旅行者が訪ねてきます。
●箱根では、子どもたちの「外国人向けの英語マップ」作成の活動に影響された地域の大人たちが、「われわれも、外国人観光客の受け入れに力を入れよう」と声をあげ始めました。

外国人旅行客四〇〇〇万人時代に向けて

中高年に生きがいを提供する場

私は富士箱根ゲストハウスを、もてなしの心に基づいた国際交流と文化交流の場と位置づけてきました。これまでも当館では小・中・高校生を対象に「国際観光教育」を行うほか、業界人を対象に「外国人旅行客もてなし講座」などを開催し、外国人旅行客を歓迎する心を育む取り組みを行ってきました。

さらに、大学生を対象として「インターン学生」の受け入れも積極的に行っており、これまで多くのインターンが当館で学び、次のステップへと踏み出していきました。当館のインターンは住み込みで働くため、朝食の時間は外国人旅行客と一緒に食事をとって交流します。「こんな経験はなかなかできない」と感激する大学生は少なくありません。

外国人旅行者の数が急増するのに比例して、当館でインターンを経験したいという希望者が年々増えているのは、これからの日本にとって明るい兆候であり、うれしく感じています。

今後は、当館の「出会い、ふれ合い、学び合い」の交流を、中高年世代にも体験してもらいたいと考えています。これまでもラウンジに茶道、華道、日本舞踊、剣道、空手などに長けた中高年世代を迎えて、外国人旅行客に演技を披露してもらいましたが、これからさらに積極的に日本文化を発信できる中高年に外国人旅行者と交流を深めてもらいたいと考えています。

日本文化に興味のある外国人旅行者にとっては、生の文化にふれることができるのですから喜んでくれることでしょう。一方、自分の特技や経験を活かして披露するほうにも、それは自己表現になります。仕事の第一線から退いた人のなかには、驚くような特技や経験をもっている人がたくさんいます。才能を埋もれたままにしておくのはもったいない話です。当館のラウンジは、そんな中高年に生きがい・やりがいを提供できる場になると確信しています。

このように、私がいま国際交流に力を入れているのは、箱根の地で国際交流を促進することが自分に与えられた使命だと思っているからです。

大学のゼミ生にインバウンドの実情を講義

じつは、「箱根と国際交流」という観点から、切っても切り離せない人物がいます。

第3章でもふれた渋沢栄一です。渋沢は大涌谷の温泉開発に尽力し、箱根を国際親善の舞台にしようと考えていたと私は考えています。

日本の資本主義の父といわれる渋沢栄一は、さまざまな企業の設立に携わりました。一八九〇年に、近代国家をめざしていた日本の「迎賓館」の役割を担うべく建てられた東京の「帝国ホテル」の発起人にも名を連ねています。渋沢は、帝国ホテルの建設にあたって、こう述べたと伝えられています。

「ホテルは一国の経済にも関係する重要な事柄。外来の御客を接伴して満足を与ふるようにしなければならぬ」

この言葉には、経済と道徳の両立をめざした渋沢栄一の国の発展を願う心が込められていると同時に、外国人旅行客をもてなして満足させること、そして世界の人々と対等に渡り合える国にならねばならないとする強い信念がうかがえます。

渋沢栄一は外国人旅行客をもてなす重要性を説いた最初の日本人の一人です。実際、渋沢は国際観光振興の必要性を唱えて、日本で初めて外国人旅行客を誘致し、歓待する機関として「喜賓会《きひんかい》」をつくりました。現在の日本政府観光局（ＪＮＴＯ）の原点ともいえる組織です。

「もてなしの心」の原点

渋沢栄一は仙石原にある広大な所有地を活用して「国際リゾート地」を建設する構想を描いていたのではないかと私は推察します。当時の箱根にはすでに外国人旅行客が多く訪れ、滞在していたからです。

歴史あるクラシックホテルとして現在も多くの観光客を魅了している宮ノ下の「富

士屋ホテル」は、一八七八年（明治一一年）、温泉旅館を改造して外国人専用ホテルとして営業を始めています。

渋沢栄一は、一八八〇年に、箱根・宮ノ下の富士屋ホテルに投宿している外国人宿泊客を食事でもてなすことを目的として、箱根仙石原の草原に「耕牧舎」という名前の牧場を開設し、バターやチーズ、牛乳などの新鮮な食材を富士屋ホテルに供給しました。耕牧舎は日本の国際観光の先駆けとなった富士屋ホテルを陰で支える役割を担ったのです。

当時、渋沢は、新しい時代を迎えた日本と日本人が世界の国々と対等に渡り合うことができるようになることを悲願とし、新しい国づくりに奔走していました。

耕牧舎が閉鎖されたあと、遊休地となっていた所有地を活用して外国人が数多く訪れる国際リゾート地を建設する夢を抱き、そのために、大涌谷の温泉開発を成功させて仙石原に温泉を引き込んだのではないかと思われます。いつの日か、世界の外国人を招き入れ、国際親善を行って相互理解を深め、世界の国々と対等に渡り合える国づくりをめざそうとしていたのではないでしょうか。

「論語と算盤」を説いた渋沢ですから、この「国際リゾート構想」は決して金儲けを目的としたものではなく、国民一般の利益を考えた公徳心に基づくものだったと想像できます。

仙石原を国際リゾート地にするという夢をあきらめざるをえなかったのは、当時の仙石原には電気、ガス、水道などのインフラが十分に整備されていなかったからでしょう。

明治時代に国際観光事業の必要性を唱えた渋沢栄一の精神は、現代に通じる「もてなしの心」の原点ではないでしょうか。

それから一三〇年を経たいま、日本は明治維新に匹敵する「第三の開国」を迎えようとしています。訪日外国人旅行客四〇〇〇万人時代の衝撃に立ち向かうためには、渋沢栄一が抱いていた「もてなしの心」を現代によみがえらせる必要がある、と私は考えています。

体験的もてなしのポイント

- 宿泊施設に、地域の人々と外国人観光客との交流の場を設ければ、そこで中高年に生きがいややりがいを提供することもできます。
- 「訪日外国人旅行客四〇〇〇万人の時代」の衝撃に立ち向かうためには、私たち日本人みんなが「もてなしの心」を育む必要があります。

おわりに

私たち夫婦が、長年にわたる葛藤と試行錯誤の末にたどり着いたのが本書に述べた私たちなりの「もてなしの心」です。

富士箱根ゲストハウスを始めた頃は、思いもよらぬ異文化摩擦やトラブルに遭遇し、心身ともに疲れ果て、外国人客を受け入れるのはもうやめようかと思う日が続いたこともありました。そんなときを経て、さまざまな失敗を重ねながら、私たちは「究極の観光資源は人である」と確信するに至りました。

もてなしのスタイルはケースバイケースで変わりますから、私たちのもてなし方がすべて正しいわけではありませんが、私たちは、外国人旅行客と地元住民と働くスタッフの三者がそれぞれに幸せを感じられるようにすることが大切だと考えています。

さらに私たちは、インバウンドの展望を開くには観光の概念を変える必要があると感じています。外国人旅行客の来訪を国際交流や文化交流といった概念でとらえると、見えるものが違ってきます。

日本人は長年、「観光は遊びで贅沢な行為」ととらえ、どちらかといえば経済面を重視する傾向がありました。しかし、その発想を転換して「観光は見聞を広め、人間を成長させる行為」ととらえ直してみると、それまで見えていなかった交流や相互理解といった側面が見えるようになります。

観光の概念を変えることにより、富士箱根ゲストハウスは「民宿」から「国際交流の舞台」へと変わり、そして、それが外国人宿泊客の喜び、地元住民の喜び、働くスタッフたちの喜びを生み、その結果リピーターが増えているのだと思われます。

私たちの長年の体験を振り返ってみると、外国人旅行客が求めるのは「モノ」から「体験」へ、そして「交流」へと深化しているように感じています。「体験」の次に来るのが「出会い、ふれ合い、学び合い」であるとするならば、インバウンドはいずれ「経済成長」から「人間成長」へと質的変化を遂げるでしょう。

訪日客四〇〇〇万人時代を迎えようとしているいま、私たち日本人は、外国人旅行客をどう受け入れていけばよいのでしょうか。外国人旅行客が増えれば、異文化摩擦やトラブルも増え、「外国人嫌い」になる人が増えるかもしれません。観光業に従事していない一般の人たちも、否が応でも外国人旅行客に対応しなければならなくなります。

本書には、今後起こり得る問題を予見して、異言語・異文化といった多様性とどう向き合っていけばよいのか、私たちなりに考える「心構え」も盛り込みました。

長年の試行錯誤を経てようやくたどり着いた結論は、「違いは違いとして受け入れる」「誰が正しいかではなく、何が正しいかでとらえる」というシンプルな考え方でした。

これまでのような意識で年間四〇〇〇万人もの外国人が来日したら、日本はどうなるのでしょうか。四〇〇〇万人、さらに六〇〇〇万人を受け入れるというのであれば、日本はそれに相応しい器になる必要があります。

日本人は、外国人旅行客との交流（出会い、ふれ合い、学び合い）を通して「外国語によるコミュニケーション能力」を向上させるとともに、「他人を思いやる心」を育んで国際相互理解の増進をはかり、新しい国づくり、町づくり、人づくりに努めていかなければならない時代を迎えています。

本書で紹介した私たち夫婦の拙い体験が、訪日外国人旅行客四〇〇〇万人時代を迎えるうえで多少なりともお役に立てば幸いに思います。

末筆になりますが、私たち夫婦が三二年間にわたって異文化摩擦や異文化トラブルを乗り越えて宿泊業を継続させることができたのは、箱根町の山口昇士町長をはじめ地元の皆様の温かいご理解とご協力のお陰です。

また、日本政府観光局（ＪＮＴＯ）の歴代理事長以下役員・職員の皆様、拙著の執筆にあたって格別のご高配を賜りました立教大学名誉教授・前田勇先生、ＪＮＴＯ元監事・長岡孝氏、ＪＮＴＯ理事・小堀守氏に深甚なる感謝を申し上げます。さらに、観光庁「ビジット・ジャパン大使」の皆様、大学関係者の皆様、ジャパニーズ・イン・グループの歴代会長以下会員の皆様、そして、拙著のとりまとめにあたり特段のご尽力をいただきました安部毅一氏に心から感謝と御礼を申し上げます。

最後に、私を支え苦労をともにしてくれた妻・由美子、両親を助けてくれた子どもたち、外国人宿泊客のお世話をしてくれた当館スタッフにこの紙面を借りて感謝したいと思います。

高橋正美

著者紹介

髙橋正美（たかはし・まさみ）

富士箱根ゲストハウス代表。観光庁「VISIT JAPAN」大使。
1948年生まれ。立教大学卒業後、箱根町役場に勤務。LIOJ（日本外語教育研究所）事務局長、インターカルト日本語学校事務局長、Tokyo Journal発行人代理などを経て、1984年「富士箱根ゲストハウス」をオープン。現在までに75カ国から15万人を超える外国人旅行客を受け入れるほか、小・中・高校・大学生において国際観光教育を行い、インターンシップの受け入れ、産業界や自治体向けの人材育成講座を主宰するなど「ビジット・ジャパン・キャンペーン」の啓蒙活動を続けている。元・立教大学大学院観光学研究科非常勤講師。現在、一般財団法人MRAハウス理事、一般社団法人日本文化海外普及協会理事、箱根ライオンズクラブ第55代会長として社会公益活動や社会奉仕活動にも取り組んでいる。

企画協力　安部毅一
編集協力　高橋一喜／ことぶき社
DTP　株式会社ニッタプリントサービス

富士箱根《ふじはこね》ゲストハウスの外国人宿泊客《がいこくじんしゅくはくきゃく》は
なぜリピーターになるのか？

〈検印省略〉

2017年　4月　30日　第　1　刷発行

著　者――髙橋　正美（たかはし・まさみ）
発行者――佐藤　和夫

発行所――株式会社あさ出版

〒171-0022　東京都豊島区南池袋 2-9-9 第一池袋ホワイトビル 6F
電　話　03（3983）3225（販売）
　　　　03（3983）3227（編集）
F A X　03（3983）3226
U R L　http://www.asa21.com/
E-mail　info@asa21.com
振　替　00160-1-720619

印刷・製本（株）三秀舎

乱丁本・落丁本はお取替え致します。

facebook　http://www.facebook.com/asapublishing
twitter　http://twitter.com/asapublishing

ISBN978-4-86063-898-6 C2034